킬 더 바이블

킬 더 바이블
문화 전쟁 : 2천년 사탄의 전략서

초판 1쇄 인쇄 2025년 8월 8일
초판 1쇄 발행 2025년 8월 20일

지은이 김태영

펴낸곳 너와
출판등록 제 2025-000035호
주소 경기도 김포시 김포한강9로 79
전자우편 with.or.without.u.books@gmail.com

ISBN 979-11-991858-3-8 03230

ⓒ 너와, 2025

· 잘못된 책은 구입한 곳에서 교환해 드립니다.
· 이 책의 전부 또는 일부 내용을 재사용하려면 사전에 저작권자와 너와의 동의를 받아야 합니다.

문화 전쟁

2천년 사탄의 전략서

킬 더 바이블

기독교세계관 필수

김태영 지음

너와

추천사

『킬 더 바이블』을 읽는 순간 마치 얼음물 한 바가지를 뒤집어쓴 듯 정신이 번쩍 들었습니다.

저는 늘 '말씀이면 충분하다'라는 믿음으로 살아왔습니다. 그런데 이 책을 통해 세상은 그 말씀의 권위를 조용히, 그리고 은근하게 무너뜨리고 있다는 사실을 뼈저리게 깨달았습니다. '이건 구시대적이야' '그건 상징일 뿐이야'라는 말들로 하나님의 뜻을 흐리고 성경의 진리를 약화시키려는 시도들이 지금 이 시대에도 여전히 이어지고 있다는 사실에 놀라지 않을 수 없었습니다.

하지만 이 책은 단순한 경고에 그치지 않습니다. 2000년 전부터 교묘하게 이어져 온 사탄의 전략이 오늘날 우리 사회 속에 어떻게 스며들어 있는지 명확히 보여주며, 나아가 그 전략을 어떻게 분별하고 믿음을 지켜낼 수 있는지 실제적으로 안내해 줍니다.

말씀을 사랑하는 분들, 신앙을 굳게 지키고자 하는 모든 분께 진심으로 추천드립니다. 이 책은 지금 우리가 왜 '깨어 있어야 하는지'를 분명히 일깨워 주는 소중한 책입니다.

이성미 | 방송인

성경을 읽을 때마다 하나님께서 얼마나 좋으신 분이신지, 생명의 말씀을 선물로 주신 일이 얼마나 감사한지 마음이 벅차오릅니다.

그런데 『킬 더 바이블』을 읽고 깜짝 놀랐습니다. 우리가 그토록 소중히 여기는 성경이 수천 년 동안 끊임없는 공격을 받아왔고, 지금 이 시대에도 그런 공격이 교묘하게 계속되고 있음을 생생하게 보여주더군요.

『킬 더 바이블』의 진정한 가치는 단순히 문제의 근원을 밝히는 것을 넘어 이 귀한 말씀을 어떻게 지키고 살아낼 것인지에 대한 구체적인 분별의 지침을 제시한다는 데 있습니다.

지금은 그 어느 때보다 영적 분별력이 절실한 시대입니다. 성경을 사랑하는 모든 분께 이 책을 진심으로 추천합니다.

조혜련 | 방송인

『킬 더 바이블』은 산업화·민주화·복음화라는 독특한 여정을 걸어온 대한민국의 영적 사명을 깊이 있고 통찰력 있게 조명한 책입니다.

저자는 역사적·신학적 분석을 통해 세계 기독교 지형 가운데 한국이 차지하는 전략적 위치를 명확하게 제시하고 있습니다. 특히 전 세계적으로 가정과 교회가 무너지는 흐름 속에서 한국 교회가 왜 마지막 영적 방파제로서 결정적인 사명을 감당해야 하는지에 대한 설득력 있는 통찰은 이 책의 압권이라 할 수 있습니다.

오랜 시간 기독교 세계관을 연구해온 한 사람으로서 저는 이 책이 한국 교회의 역할과 책임을 일깨우는 강력한 신호탄이자 진리의 수호자로서 우리가 왜 깨어 있어야 하는지를 각성시키는 귀중한 저작임을 확신합니다.

『킬 더 바이블』은 오늘의 성도들에게는 분별의 나침반이며, 다음 세대를 이끌어갈 리더들에게는 신앙의 무기가 되어 줄 것입니다.

김승욱 | 중앙대학교 경제학과 명예교수, 「월드뷰」 발행인

김태영 목사는 청년들과 한국 교회를 위해 자기 삶을 아낌없이 헌신해 온 사역자입니다. 그 열정과 소명감은 마침내 『킬 더 바이블』이라는 탁월한 저서를 탄생시켰습니다.

이 책은 인류 역사 속에서 성경이 어떻게 사탄의 집요한 공격을 견뎌 왔는지, 그리고 그 전략이 오늘날 얼마나 교묘하게 변형되어 우리 사회 전반에 작동하고 있는지를 예리하게 조명합니다. 특히 저자는 이 복잡한 주제를 청년들의 눈높이와 현대적 감각에 맞추어 소설이라는 흡입력 있는 형식으로 풀어내는 데 성공했습니다.

이는 깊이 있는 신학적 통찰과 탁월한 상상력이 어우러지지 않고서는 불가능한 작업입니다. 『스크루테이프의 편지』와 『나니아 연대기』를 통해 기독교 진리를 대중에게 생생하게 전달한 C. S. 루이스처럼 김태영 목사는 왜 성경만이 유일한 진리인지, 그리고 사탄이 그 진리를 무너뜨리기 위해 어떤 전략을 펼쳐왔는지 강력하고 설득력 있게 그려냅니다.

이 책은 단순한 소설이 아닙니다. 영적 분별력이 약화된 이 시대에 청년들과 목회자들 그리고 성경의 권위와 진리를 지키고자 하는 모든 이들에게 믿음의 방패이자 신앙의 등대가 되어 줄 귀중한 저작입니다. 기쁨과 확신을 담아 강력히 일독을 권합니다.

김지찬 | 전 총신대학교 신학대학원 구약학 교수

현대 사회의 무분별한 성행위는 개인의 내면에 깊은 인지 부조화와 정체성 혼란을 심화시키고 있습니다. 『킬 더 바이블』은 이러한 정신적 해체 현상의 배후에 자리한 사상적 흐름을 날카롭게 분석하며, 집단적 영적 외상(spiritual trauma)에 대한 통찰력 있는 해석을 제시합니다.

정신과 의사로서 제가 특히 주목한 것은 이 책이 현대 정신의학이 전통적인 성 윤리를 어떻게 왜곡하고 때로는 파괴하는 도구로 오용될 수 있는지를 예리하게 지적하고 있다는 점입니다. 『킬 더 바이블』은 오늘날 청년들뿐 아니라 자녀 세대를 염려하는 부모와 교역자들 그리고 모든 성도에게 꼭 필요한 책입니다. 영적 분별력을 회복하고 정신적 건강을 지켜내기 위해 반드시 읽어야 할 이 시대의 '정신문화 해독제'로 강력히 추천합니다.

민성길 | 연세대학교 의대 명예교수, 신경정신과 전문의

『킬 더 바이블』은 복음과 성경을 인간으로부터 단절시키려는 사탄의 전략을 시대를 꿰뚫는 날카로운 영적 통찰로 풀어낸 탁월한 작품입니다. 시간 가는 줄 모르고 몰입하게 되는 소설적 재미 속에 저자는 역사적 진실을 정교하게 녹여내면서 진리 왜곡에 맞서 싸우는 분별의 이정표를 제시합니다.

특히 제가 직접 맞서고 있는 「포괄적 차별금지법」과 젠더 이데올로기가 사탄의 전략과 어떻게 맞물려 성경을 불법화하려는 흐름으로 이어지는지에 대한 예리한 분석은 깊은 공감과 강한 도전을 안겨 줍니다. 이 책은 마지막 시대를 살아가는 우리 모두에게 복음과 성경을 지켜내기 위한 강력한 분별의 틀을 제시합니다. 숲을 보는 영적 통찰과 나무를 보는 실천적 분별력을 동시에 갖추게 하는 귀한 길잡이입니다.

지성과 영성이 정밀하게 어우러진 이 서사를 통해 『킬 더 바이블』은 오늘날 그리스도인들이 반드시 맞서야 할 영적 전투를 위한 탁월한 지침서가 되어 줄 것입니다.

김용준 | 한국·영국 변호사, 『우리 아이 꼭 지켜줄게』 저자

『킬 더 바이블』을 통해 그동안 제 인식 속에서 단절되어 있던 기독교 신학과 철학, 사상들이 성경과 기독교 역사 안에서 유기적으로 연결되어 하나의 흐름으로 설명되는 과정을 보며 깊은 깨달음을 얻었습니다.

이 책은 현대 사회의 무분별한 세태를 정교하게 해부하고 그에 대한 성경적 해답을 분명하게 제시함으로써 신앙 안팎에서 느끼던 혼란과 답답함을 해소하는 데 탁월한 통찰을 제공합니다.

『킬 더 바이블』은 마치 성경을 변호하는 법정 드라마 같습니다. 왜곡된 가치관과 거짓 사상 앞에서 진리를 힘 있게 변호하며, 혼란의 시대 속에서 신앙의 방향성을 견고히 세워 주는 책입니다. 오늘날 수많은 메시지가 넘쳐나는 시대에 진리를 붙들고자 하는 모든 이들에게 이 책은 영적 나침반이자 신앙을 지키는 든든한 방패가 되어 줄 것이라 확신합니다.

유지희 | 변호사

작품 안내

『킬 더 바이블』은 기독교의 영적 세계관을 바탕으로 현대 사회와 사상의 흐름을 조망한 순수 창작 문학 작품입니다. 이 책에 등장하는 모든 인물, 단체, 상황, 대화, 회의, 전략 등은 작가의 문학적 상상력과 신학적 해석에 기반한 허구(fiction)입니다.

본 작품은 존 밀턴의 『실낙원』, 존 버니언의 『천로역정』, C. S. 루이스의 『스크루테이프의 편지』 등 기독교 문학의 영적 알레고리 전통을 잇는 창작물입니다. 작품 속 일부 실명 인물이나 사상가에 대한 언급은 공개된 저작물, 발언, 학술 이론을 바탕으로 한 문학적 재구성이며, 이는 공공적 사상과 이론에 대한 신학적 관점의 비평적 해석입니다. 이러한 표현은 학문적 토론과 신앙적 성찰을 위한 창작 시도일 뿐, 특정 개인이나 단체를 비방하거나 명예를 훼손하려는 의도는 전혀 없음을 분명히 밝힙니다.

이 책의 목적은 성경적 세계관으로 시대를 해석하고 영적 분별력을 회복하는 데 있습니다. 『킬 더 바이블』은 어둠이 요동치는 시대에 진리가 어떻게 승리하는지를 보여 주는 소망의 이야기입니다.

차례

추천사 _ 4
작품 안내 _ 11
작가 서문 | **에덴에서의 첫 번째 거짓말이
　　　　　　마지막 전쟁터에서 완성되려 한다** _ 16
감사의 글 _ 19

프롤로그 | **사탄의 회당** _ 21

1_부 | **성경 못 읽게 하기** 고대-중세-근세 시대 (1~16세기) _ 25

어둠의 전략가 | 번역된 진리, 불타는 증오
꺼지지 않는 불씨 | 예수께서 친히 보여 주신 해석의 기준
사도들이 계승한 해석의 방식
예수의 해석을 해체하라

2_부 | **성경 안 읽게 하기** 근세-근대 시대 (17~19세기) _ 53

KTB 프로젝트의 위기와 전환 | 이성을 신격화하라: 계몽주의의 승리
이성의 삼각 편대: 데카르트·칸트·다윈
성경 해체의 무기: 자유주의 신학과 고등비평
교회 밖 과학으로 창조주를 지워라
절대 진리를 해체하라: 현대 철학과 사회구조

3_부 | 성경 해체하기 근대-현대 시대 (20~21세기) _ 73

포스트모더니즘의 뿌리: 해체의 출발점 | 포스트모더니즘의 핵심 전략: 5가지 무기
철학자 1: 니체-'신은 죽었다'의 의미와 파장
철학자 2: 마르크스-'ㄱㅈ'과 'ㄱㅎ'의 해체
마르크스주의의 부활: 알을 깨고 나오다
철학자 3: 프로이트와 라이히-벌거벗은 성혁명
욕망의 실험실: 라이히의 파괴적 실험
성혁명의 문화적 폭발: 라이히에서 마르쿠제, 68혁명까지
소수자 권리의 가면: 성혁명의 현대적 전환 | 문화적 코드화와 현대사회의 해체 전략
Watch Out: 나타스가 주목하는 곳

4_부 | 마지막 타깃, 대한민국 _ 99

역사를 잇는 거짓의 계보 | 왜 대한민국인가?
자유주의 신학을 통한 KTB-대한민국 초토화 전략 3가지

1장 「포괄적 차별금지법」 - 양들의 침묵 _ 108

지상 왕국 세우기: 교육 전략 | 은폐 전략: 포괄의 이름에 숨겨라
지상 왕국 세우기: 미디어 전략 | 음부의 권세가 이기려는 1순위: 교회
시대의 참상: 「차별금지법」이 통과된 나라의 현실
글로벌 미디어 전략과 기독교 혐오의 확산 | 「차별금지법」의 영적 심층

2장 유신진화론 - 트로이 목마 _ 128

창조론의 돌연변이: 유신진화론
모래 위에 세운 집: 진화론 믿음의 허상
다윗의 자손 vs 다윈의 자손: 누구를 섬길 것인가?
교회 침투 전략: 내부로 스며들다
구원의 기준이 무너질 때: 자유주의 신학의 본질
Crisis is Christless: 진리 없는 신앙의 말로

3장 분별력을 마비시켜라 - 유물론의 유령 _ 143

특별 세미나: 교회를 위협하는 이론들 | 진리의 주어가 인간이 되다 — 계몽주의
감정이 진리를 삼키다 — 낭만주의 | 진리도 시대에 맞춰야 한다 — 헤겔
신은 계급 구조다 — 마르크스 | 진리는 내 안에 있다 — 실존주의
복음을 뒤집은 투쟁 선언 — 해방신학 | 예수는 민중이다 — 민중신학
하나님도 다시 써야 한다 — 여성신학 | 성 정체성이 진리를 재정의하다 — 퀴어신학
진리를 다시 쓰려는 손길 — 자유주의 신학 | 비밀 전략 — 복음을 봉인하라
예배를 탈취하라 —마지막 전쟁의 본질

에필로그 | **이기리로다** _ *181*

부록 | **소그룹 나눔 : 진리를 분별하는 6가지 능력** _ *187*

[본 문 1 부] 1과 말씀을 붙들어라 _ *189*
[본 문 2 부] 2과 이성의 덫을 벗어나 진리를 붙들라 _ *197*
[본 문 3 부] 3과 포스트모던 해체에 맞서라 _ *205*
[본문 4부 1장] 4과 차별금지법, 사랑과 진리로 응답하라 _ *211*
[본문 4부 2장] 5과 창조 신앙을 굳게 붙들라 _ *219*
[본문 4부 3장] 6과 유물론의 거짓을 분별하라 _ *228*

진리 전쟁: 교회사 분별력 50선 _ *236*
참고 자료 _ *260*

작가 서문

에덴에서의 첫 번째 거짓말이
마지막 전쟁터에서 완성되려 한다

"너희가 결코 죽지 아니하리라" (창세기 3:4)

뱀이 여자에게 한 그 말은 인류 역사상 가장 치명적인 거짓말이었다. 그 순간부터 사탄의 전략은 단 하나였다. 하나님의 말씀을 의심하게 하는 것.

고대에는 불로 태웠다. 양피지에 기록된 성경을 화염 속에 던져 물리적으로 소멸시키려 했다. 중세에는 번역을 막았다. 라틴어 장벽 뒤로 성경을 숨겨 두고 평신도들이 직접 말씀을 읽지 못하게 했다. 근세에는 이성이라는 무기를 들고 왔다. 계몽주의라는 이름으로 성경의 신적 권위를 부정하고 인간의 저작물로 치부했다.

그리고 지금 21세기 그들은 진리 자체를 해체하고 있다. 포스트모더니즘이라는 바벨탑을 쌓으며 '절대 진리는 없다'고 선언한다. 그 탑 뒤에 숨은 자유주의 신학은 하나님의 말씀을 수많은 '의견' 중 하나로 만들고 있다. 그 거대한 흐름은 이제 한 나라를 향해 선명히 집중되고 있다.

그런데 왜 하필 대한민국인가? 내가 우연히 입수한 CCTV 영상 파일 속에서 그들은 이 땅을 'KTB(Kill The Bible) 프로젝트의 최종 실험장'이라 불렀다.

"한국이 무너지면 전 세계 기독교는 도미노처럼 쓰러질 것이다."

회의실 한편에서 들려온 그 음성이 아직도 내 귀에 생생하다. 왜 하필 지금인가? 왜 하필 이 땅인가? 그 이유를 알게 되는 순간 당신은 더 이상 평범한 신앙생활로 돌아갈 수 없을 것이다.

C. S. 루이스가 『스크루테이프의 편지』에서 "어떻게 이 편지들을 입수했는지는 말하지 않겠다"고 했듯이, 나 역시 그 방법은 밝히지 않겠다. 다만 이것만은 분명하다. 이 영상 속 내용들이 지금 이 순간에도 현실이 되고 있다는 사실이다.

어둠의 세력들이 수천 년간 치밀하게 준비해 온 '성경 해체하기' 프로젝트. 그들의 작전명은 단순하고 직접적이다.

Kill The Bible.

이제 모든 것이 드러날 것이다. 왜 성경의 권위가 2천 년 넘게 끊임없이 도전받아 왔는지, 왜 복음의 본질이 시대마다 교묘하게 변질되고 있는지, 왜 이 시대의 그리스도인들이 갈수록 혼란스러워하는지. 더 이상 무지하지 말자. 더 이상 무시하지 말자. 우리는 "혈과 육을 상대하는 것이 아니요 통치자들과 권세들과 이 어둠의 세상 주관자들과 하늘에 있는 악의 영들을 상대"(에베소서 6:12)하는 영적 전쟁의 한복판에 서 있다.

이 책을 덮는 순간 당신은 선택해야 한다. 계속 눈을 감고 살 것인가, 아니면 진실을 마주할 것인가? 편안한 무지 속에 머물 것인가, 아니면 불편한 각성을 택할 것인가? 사탄의 사탕발림에 속을 것인가, 아니면 하나님의 진리로 무장할 것인가?

어둠은 결코 빛을 이길 수 없고, 거짓은 결코 진리를 무너뜨릴 수 없다. 하지만 우리가 잠들어 있는 동안 그들은 결코 쉬지 않는다.

이제 깨어날 시간이다.

"근신하라 깨어라 너희 대적 마귀가 우는 사자 같이 두루 다니며 삼킬 자를 찾나니 너희는 믿음을 굳건하게 하여 그를 대적하라"(베드로전서 5:8-9)

감사의 글

이 책은 혼자 쓴 것이 아닙니다. 함께 기도하고 함께 걸어 주신 많은 분이 있었습니다.

늘 기도로 함께해 주신 수영로교회와 이규현 목사님, '수문장' 사역의 동역자들, 박한길 장로님께 깊이 감사드립니다. 언제나 따뜻한 격려로 힘이 되어 주신 이성미 선생님과 조혜련 선생님, 학문적 통찰과 격려를 아끼지 않으신 김승욱 교수님, 김지찬 교수님, 민성길 교수님, 진리의 지혜로 축복해 주신 김용준 변호사님과 유지희 변호사님께 감사드립니다.

어린 시절부터 저를 진리의 터 위에 세워 주신 최만수 목사님, 정인철 목사님, 김영재 목사님, 이성헌 목사님, 방석재 목사님, 정휘윤 목사님, 박성호 목사님, 이상민 목사님, 최한성 목사님, 김상수 목사님, 최만석 목사님, 조영래 목사님, 신진원 목사님, 김성민 목사님… 목사님들께서 세워 주신 진리의 기둥 아래 오늘의 제가 안전히 서 있습니다.

그리고 이 책을 손에 들어 주신 모든 독자 여러분께 감사드립니다. 이 글이 우리 시대를 비추는 작은 등불이 되기를 소망합니다.

진리 안에 함께 서고자 | 김태영 목사 드림

프롤로그

사탄의 회당

"여호와와 그의 기름 부음 받은 자를 대적하며
우리가 그들의 맨 것을 끊고
그의 결박을 벗어 버리자 하는도다" (시편 2:2-3)

끼이익.

새벽 2시 37분.

심야버스의 타이어가 검은 아스팔트를 할퀴며 정류장 앞에 멈춘다.

하차 문이 열리고 어둠보다 더 짙은 그림자 하나가 소리 없이 내린다.

그 그림자는 가로등 불빛조차 닿지 않는 골목 끝으로 스며들듯 사라진다.

북위 37도, 동경 126도.

대한민국 서울특별시 강남구 강남대로 4666길.

왕복 12차로 대로변에 우뚝 솟은 80층 빌딩.

최상층 유리벽 너머 숨죽인 긴장이 묵직하게 내려앉아 있다.

이미 65개의 검은 실루엣이 자리를 메우고 있다.

쿵.

깊은 울림과 함께 마지막 참석자가 문을 닫는다.

회의실 중앙의 긴 테이블 위로 검은 천이 드리워지고 여섯 개의 붉은 촛불이 차례로 타오른다.

희미한 불빛 속, 전 세계에서 모여든 66명의 귀신 사원 실루엣이 어슴푸레 윤곽을 드러낸다.
그들은 서로의 얼굴 대신 오직 불꽃만을 응시한다.

회의실 끝 검은 코트 자락을 길게 드리운 실루엣 하나가 천천히 몸을 일으킨다. 그의 움직임에는 어떤 성급함도 없고 모든 것이 치밀하게 계산된 것처럼 보인다.
그가 바닥을 디딜 때마다 차가운 서리가 문양처럼 번져가고 어둠을 꿰뚫는 잔혹한 눈빛이 잠들어 있던 공기를 벤다.
그 이름은 마스터 마더 파크(Master Mother Park).
그가 입을 열 때마다 입술 사이로 검은 입김이 흘러나오고 쇠를 긁는 듯한 목소리가 침묵을 차갑게 찢어낸다.

"때가 찼다.
KTB, 킬 더 바이블 프로젝트.
이 작전은 에덴에서부터 시작되었다. 그리고 성경이 완성된 순간 본격화되었다. 초대 교회, 종교개혁 그리고 모든 세기에 걸쳐 우리는 성경을 파괴하기 위해 싸워왔다."
그가 천천히 시선을 돌려 사원들의 얼굴을 훑었다.
"2천 년에 걸친 초특급 작전이 드디어 9부 능선을 넘었다."
촛불이 바닥까지 흔들리다 이내 더욱 거세게 타올랐다.
어둠 속에 숨죽이던 형체들이 그의 목소리에 이끌려 결의에 찬 기운을 일으켰다.

"끝까지 최선을 다하라. 알겠나?"

"하일 나타스(Heil Natas [나타스 만세])!"

사원들의 함성이 일제히 터졌다.
질서정연하면서도 광기에 젖은 목소리였다.
나타스(Natas)는 사탄(Satan)을 거꾸로 부른 이름이다. 그들은 사탄의 이름을 망령되이 부르지 않기 위해 백워드(backwards)로 경배해 왔다. 인간도 고대부터 왜곡된 언어와 거꾸로 부르기, 현대에 와서는 백마스킹(backmasking) 같은 방식으로 악의 기운을 세상에 흘려보냈다.

마더 파크가 다시 목소리를 높였다.
"마지막까지 방심하지 마라. 나사렛 예수가 힘을 발휘하기 전에 모든 것을 삼켜라."
그가 손을 들자 천장에서 스크린이 내려오고, 검은 바탕에 붉은 문장이 서서히 드러났다.
KTB: Kill The Bible.
촛불이 금방이라도 꺼질 듯 위태롭게 떨렸다.
"이 자리에 본부에서 특별히 급파된 한 분을 모셨다."
그의 목소리가 단단하게 울렸다.
"나타스 님 나라의 완성을 위하여!"

1 _ 부

성경 못 읽게 하기

고대-중세-근세 시대 (1~16세기)
'말씀을 제거하라!'

"하나님이 정말 그렇게 말씀하시더냐?"
사탄이 에덴에서 걸어온 질문,
말씀과의 전쟁 선포였다.

회의실의 촛불이 더욱 어두워졌다.

스크린에 한 인물의 프로필이 떠오르자 사원들 사이에 묘한 기대와 긴장감이 번졌다.

한 사원이 낮은 목소리로 속삭였다.

"저분이… 그분인가?"

마더 파크가 천천히 입을 열었다.

"라틴어 성경만 공식적으로 인정받던 중세 말기 유럽. 만약 누구든 자기 나라말로 성경을 번역하는 순간 그는 곧 범법자로, 그 책은 금서로 지정되었지."

잠시 정적이 흘렀다.

"그때 최초로 성경 전체를 영어로 번역한 존 위클리프, 그의 죽음조차 허락할 수 없었기에 시신을 무덤에서 꺼내어 화형에 처했던, 세상을 뒤흔든 바로 그 사건!"

사원들 사이에서 낮은 탄성이 새어 나왔다.

"그 모든 전략을 설계한 자, 바로 마스터 노리드(Master Noread)다."

"와…!"

순간 열광과 긴장이 뒤섞인 함성이 회의실을 삼켰다.

노리드는 매년 사원 설문조사에서 가장 만나고 싶어 하는 마스터 1위이자 전설의 전략가, 교묘와 술수의 대가다. 그 순간 대기실의 닫힌 문을 통과해 마스터 노리드가 모습을 드러냈다.

어둠의 전략가

"힐로우, 제군들."

오래된 영국식 억양으로 인사한 노리드는 천천히 회의실을 가로질러 창 너머 강남역 사거리를 내려다보았다. 사방으로 길게 뻗은 도로가 마치 십자가 모양 같아 두 눈을 질끈 감았다. 잠시 침묵하더니 서늘한 목소리로 말했다.

"49…, 나는 49퍼센트만 성공했다. 작전 수행 능력 평가지수 99.9퍼센트? 그건 하수 마스터들의 평가일 뿐. 나는 나에게 49점을 주지. 그것도 후한 평가라고 생각해. 아직 내 목표치는 멀었다. 나는 푯대를 향해 달린다. 나타스 님께 받은 사명, 곧 원수를 삼키려 함에는 나의 생명조차 조금도 귀한 것으로 여기지 않는다. 완전히 집어삼킬 때까지 끝까지 타깃 주위를 맴돈다."

그의 끈질김은 이미 모두가 알고 있었다.

"예수를 광야에서 세 번 시험할 때 나는 나타스 아버지 곁에 있었다. 세 번의 시험 후 잠시 예수를 떠났다가 다시 찾아갔지. 어떤 방식으로?

제사장들과 바리새인들 그리고 서기관들과 무리 가운데서 역사하며 예수를 계속해서 시험했지. 우리의 미덕인 집요함이 나에게는 충만하다. 나는 타깃을 놓치면 타깃의 손주들까지도 뚫어져라 살피다가 약점을 찾아서 집안을 박살내지. 그래야 직성이 풀리거든. 하하하!"

번역된 진리, 불타는 증오

노리드는 말을 멈추고 창밖을 바라보았다.
눈을 감자 오래된 기억이 마치 어제 일처럼 생생하게 밀려왔다.
"으… 젠장할 위클리프!"
그는 이빨을 악물며 분노를 삭였다.
"존 위클리프(John Wycliffe, 1330-1384)는 1380년에 신약성경을, 1382년에 구약성경을 자국어인 영어로 번역했어. 내가 1,000년 동안 성경을 알아듣지 못하게 라틴어에 묶어 두었는데…. 그놈이 성경을 번역하는 바람에 나타스 님의 나라가 위험천만하게 되었지."
순간 눈이 번쩍이며 증오가 불길처럼 솟구쳤다.
"아아아아아악!"
듣는 이까지 미쳐 버릴 것 같은 소리가 터져 나왔다.
"1384년에 위클리프는 죽었지만, 나는 참을 수가 없었어. 그가 죽은 지 22년 후 위클리프 반대 법안을 통과시켰고, 사후 31년이 되던 해 콘스탄츠 공의회(Concilium Constantiense)를 열어 이단으로 정죄시켰지. 사후 44년에는 교황 마르티노 5세(Martinus PP. V)의 명령으로 무덤을 파헤쳐 시신을 꺼내 화형을 거행했다. 그의 잿가루가 스위프트 강에 버려질 때는 참으로 통쾌했지."

그의 목소리에 희열과 분노가 섞여 있었다.

"그런데 그 모든 노력이 헛수고가 되었어. 위클리프를 따르는 놈들이 더 늘어나 버렸어."

쾅!

노리드가 주먹으로 테이블을 내리치자 단단한 대리석에 금이 갔다.

"망할 놈의 롤라드들! 롤라드, 롤라드, 롤라드!"

그는 그 이름을 저주하듯 반복했다.

롤라드(Lollards)란 '중얼중얼거리는 자들'이라는 뜻으로 14세기 후반 영국에서 존 위클리프의 사상을 따르던 평신도 개혁운동가들이었다. 이들은 라틴어 성경만을 강요하던 로마 가톨릭 교회의 권위에 맞서 자국어로 번역된 성경을 소리 내어 읽고 말씀을 서로 나누며 신앙을 지켰다. 로마 가톨릭 교회는 이들을 이단으로 규정했지만, 롤라드들은 박해 속에서도 성경을 암송하고 전하며 신앙의 불씨를 이어갔다.

노리드가 이를 갈며 말했다.

"성경을 번역하거나 소유하지 못하도록 법으로 금지시켰더니 아예 외우기 시작했어. 이런 미친! 창세기, 출애굽기 … 마태복음, 요한계시록까지 성경 한 권 한 권을 통째로 외워 버리더군. 성경책을 못 가지게, 못 나누게 했더니 '워킹 바이블(Walking Bible)'이 되어 외워서 들려줬어. 롤라드 수천 명이 전국으로 흩어져 성경을 재잘거렸지. 그래서 내가 사용한 방법은 감금과 고문 그리고 성경책을 태우듯 성경이 된 사람들을 화형으로 태웠지."

노리드의 눈에 먼 기억이 떠올랐다.

'불 속에서도 기쁨으로 찬송하던 그 얼굴들…'

"위클리프와 롤라드의 영향을 받은 체코의 얀 후스[Jan Hus, 1372(?)-1415]도 성경을 자국어로 번역해 보급하는 데 큰 역할을 했지. 이 땅의 불보다 지옥의 불이 두렵다면서 성령의 불을 받으니 화형을 겁내지 않는 거야. 그들의 마지막 말이 아직도 내 귀에 맴돌아."

꺼지지 않는 불씨

갑자기 노리드의 시선이 회의실 한쪽에 있던 젊은 사원을 향했다.

"헤이! 왓더헬, 후스가 화형대 위에서 한 말 기억하나?"

신예 왓더헬(What the hell)은 마스터 진급 심사 중인 엘리트 사원이다. 그는 즉시 일어나 허리를 굽혀 인사하고 대답했다. 목소리는 또렷했지만, 떨리는 손은 감출 수가 없었다.

"'당신들은 지금 거위를 태우지만, 백 년 후에는 불에 타지 않는 백조가 나타날 것이다'라고 예언했습니다."

"맞아. 후스(Hus)는 체코어로 '거위'라는 뜻이다. 그가 불에 타 죽고 나서 백 년 뒤인 1517년 10월 31일 독일에서 루터(Martin Luther)라는 놈이 나타나 백조가 되어 종교개혁을 일으켰지.

애초에 성경을 번역한 이들을 핍박하고 죽이기 전에, 아예 종교개혁이 일어나기 전에 내가 막을 수 있었더라면 얼마나 좋았을까? 그랬다면 지금 이런 고생은 없었을 텐데…"

그는 한숨을 뱉으며 더 깊은 실패를 떠올렸다. 아주 먼 과거이지만, 결코 잊을 수 없는 사건이었다.

*　*　*

서기 67년 겨울 문턱의 로마 마메르틴 감옥(Mamertine Prison).

차가운 돌벽에 등을 기대고 앉은 노년의 사도는 떨리는 손으로 양피지를 펼쳤다. 희미한 등잔불 아래 그의 그림자가 벽에 길게 드리웠다. 마지막 편지를 쓰고 있는 그의 호흡은 차갑게 얼어붙은 감옥의 공기에 하얗게 서렸다.

"때가 이르렀다…."

그는 천천히 글자를 새겼다. 손이 꽤 떨렸지만, 의지는 단호했다.

"나는 선한 싸움을 싸우고 나의 달려갈 길을 마치고 믿음을 지켰으니 이제 후로는 나를 위하여 의의 면류관이 예비되었으므로…"(디모데후서 4:7-8a)

그때 감옥 문이 열리고 젊은 로마 병사가 들어왔다.

"받아라. 바울."

바울이 아들처럼 소중히 여기는 제자 디모데로부터 온 편지였다. 바울은 마지막 힘을 다해 편지를 읽었다. 그리고 다시 양피지를 집어 들고 글을 써 내려갔다.

"너는 어서 속히 내게로 오라 데마는 이 세상을 사랑하여 나를 버리고 데살로니가로 갔고 … 너는 겨울 전에 어서 오라 … 네가 올 때에 내가 드로아 가보의 집에 둔 겉옷을 가지고 오고 또 책은 특별히

가죽 종이에 쓴 것을 가져오라"(디모데후서 4:9-10, 21, 13)

바울이 마지막 글자를 쓰던 중 인기척이 들려 뒤돌아보았다. 어둠 속의 그것은 사람의 형상 같았으나 눈빛에는 증오가 가득했다.

"감옥에 갇힌 너를 보니 심히 기쁘구나."

어둠 속에서 노리드가 걸어 나오며 비웃었다.

"네로 황제의 칼이 곧 네 목을 베어 버릴 테니."

바울은 담담한 미소를 지었다.

"이미 알고 있다. 하지만 너는 그걸로 나를 두렵게 만들 순 없다."

노리드가 바울의 손에 들린 양피지를 노려보았다.

"네가 쓰고 있는 그 편지들, 모조리 불타 없어질 거야. 네 목숨과 함께."

바울이 단호한 목소리로 대답했다.

"이 말씀은 내 것이 아니다. 나의 손으로 기록하였으나 이는 성령의 감동으로 된 것이기에 결코 사라지지 않을 것이다. 그 옛날 예레미야가 서기관 바룩에게 여호와의 말씀을 불러 주어 기록한 두루마리를 여호야김 왕이 칼로 찢어 화로에 던져 불태웠지만, 그 말씀이 사라졌는가? 아니다! 하나님께서 예레미야에게 다시 말씀하셨고, 그가 바룩을 통해 다시 기록하여 오늘까지 우리에게 전해졌다. 불에 타고 칼에 찢겨도 하나님의 말씀은 시대를 뚫고 살아남았다. 사람은 죽여도 말씀을 막을 순 없다. 디모데와 나의 동역자들이 전할 것이며, 바벨론의 불길도, 로마의 철권도, 다가올 미래의 어둠도 능히 이기리라."

노리드가 분노에 차 달려들었지만, 바울을 둘러싼 빛의 장벽을 뚫지 못했다. 그 순간 노리드의 뒤편 어둠 사이로 두 천사가 모습을 드러냈다.

"가브리엘, 미가엘!"

노리드가 물러서며 외쳤다.

"돌아가라, 노리드."

가브리엘이 엄숙하게 명령했다.

"이 사람은 주의 종이며, 그가 쓰는 글은 주의 말씀이니 네가 방해할 수 없다."

바울은 조용히 말씀으로 기도했다.

"성경은 능히 너로 하여금 그리스도 예수 안에 있는 믿음으로 말미암아 구원에 이르는 지혜가 있게 하느니라 모든 성경은 하나님의 감동으로 된 것으로 …"(디모데후서 3:15b-16a)

노리드는 이를 갈며 물러섰다.

"난 결국 성공할 거야! 성경을 죽일 거야!"

"너는 실패할 것이다. 네가 일시적으로 말씀을 감추고 왜곡하고 오용하게 만들 순 있어도. 하지만 기억해라. '풀은 마르고 꽃은 시드나 우리 하나님의 말씀은 영원히 서리라'(이사야 40:8) 너의 계략은 시들겠지만, 하나님의 말씀은 결코 시들지 않는다. 진리는 반드시 승리한다."

미가엘이 단호하게 외쳤다.

노리드가 사라진 후 바울은 마지막 문장을 끝맺었다.

"주께서 내 곁에 서서 나에게 힘을 주심은 나로 말미암아 선포된 말씀이 온전히 전파되어 모든 이방인이 듣게 하려 하심이니 내가 사자의 입에서 건짐을 받았느니라 주께서 나를 모든 악한 일에서 건져

내시고 또 그의 천국에 들어가도록 구원하시리니 그에게 영광이 세세 무궁토록 있을지어다 아멘"(디모데후서 4:17-18)

바울은 양피지를 접으며 확신했다.

'이 글은 성령의 감동으로 기록된 것이니 어떤 세력도 없애지 못하리라. 하나님께서 친히 지켜 주시리니.'

그 겨울에 디모데가 로마 감옥에 도착했다. 이미 그의 스승 바울은 순교했고 그가 가져온 겉옷과 양피지들만 바울의 흔적으로 남아 있었다. 그때 어둠 속에 그림자 하나가 움직였다.

"당신은 누구요?"

디모데가 묻자 노리드가 모습을 나타냈다.

"중요하지 않아. 네 스승의 편지를 내놓아라. 그건 위험한 것이니 내게 맡기고 가라."

디모데는 양피지들을 꽉 움켜쥐었다.

"이것은 하나님의 말씀이오. 내 스승이 성령의 감동으로 기록한 것이니 당신에게 줄 수 없소."

노리드가 비웃었다.

"하! 네 스승의 머리가 잘린 것처럼 너도 곧 그렇게 될 거야. 그 글들도 불타 없어질 거고."

디모데는 담대하게 대답했다.

"이 말씀은 영원하오. 주께서 말씀하시길, '천지는 없어지겠으나 내 말은 없어지지 아니하리라'(마태복음 24:35) 하셨소. 이 진리의 말씀은 세대에서 세대로 이어질 것이며, 결코 사라지지 않을 것이오."

노리드의 눈은 분노로 타올랐지만, 성령의 강력한 임재를 느끼고 하릴없이 물러섰다. 디모데는 양피지를 품에 안고 교회로 돌아온 그 밤에 성도들에게 바울의 마지막 편지를 낭독했다.

"모든 성경은 하나님의 감동으로 된 것으로 … 너는 말씀을 전파하라 때를 얻든지 못 얻든지 항상 힘쓰라"(디모데후서 4:2a)

에베소 교회의 성도들은 눈물을 흘리며 말씀을 받아들였다. 그날 밤 디모데는 결심했다.

'내 생명이 다하는 날까지 이 진리의 말씀을 지키고 가르치리라. 그리고 충성된 일꾼들에게 이 사명을 맡기리라'(디모데후서 2:2)

바울의 순교로부터 몇 달 후 디모데는 여러 교회를 다니며 바울의 편지를 필사해 나누어 주었다. 노리드와 그의 부하 귀신들이 계속해서 디모데를 방해했지만, 말씀은 점점 더 많은 사람에게 전해졌다.

* * *

회의실은 잠시 정적에 휩싸였다. 사원들은 다음 말을 기다렸지만, 노리드는 천천히 창가로 걸어가 묵묵히 밖을 바라보았다. 그의 눈에는 수천 년의 시간이 담겨 있었다.

'바울도, 디모데도 모두 죽었는데…. 왜 그들의 말은 여전히 살아 이리도 거세게 울려 퍼지는 걸까? 내가 끊어버린 것은 그들의 숨결뿐이던가?'

노리드의 얼굴에 짙은 그림자가 드리워졌다. 과거의 실패와 앞으로의 전략, 그의 머릿속에는 복잡한 생각들이 교차했다. 마침내 깊은 한숨을 내쉰 그는 회의실 중앙으로 걸음을 옮겼다.

예수께서 친히 보여 주신 해석의 기준

왓더헬이 자리에서 일어나 조심스럽게 질문했다.

"마스터 노리드 님, 디모데도 결국 죽었는데 왜 말씀은 없어지지 않았습니까?"

"그건… '가서 제자 삼으라'는 예수의 지상명령을 지켰기 때문이다. 사도 바울은 예수의 십자가와 부활을 언제 어디서나 가르쳐 지키게 했고, 디모데는 자신이 바울에게 배운 것을 충성된 사람들에게 전수했다. 그들은 또 다른 이들을 가르쳤고, 제자 삼는 제자들이 이어지며 사도와 속사도, 교부와 그 후예들까지 예수가 가르치고 선포한 복음을 변함없이 그대로 전했다.

이들이 전한 복음이 변질되지 않고 세대를 넘어 온전히 전해질 수 있었던 비결이 있지. 예수가 직접 보여 준 성경 해석의 원칙을 끝까지 고수했기 때문이야. 그 원칙은 다음과 같다.

첫째, '문자적·역사적 해석'의 원리. 예수는 율법학자들과의 대화에서 이렇게 물었지. '율법에 무엇이라 기록되었으며, 네가 어떻게 읽느냐?'(누가복음 10:26) 예수의 질문은 성경이 완전한 하나님의 계시의 말씀임을 전제하고 있다. 그래서 기록된 문자 그대로 원 저자인 성령이 인간 저자를 통해 의도한 본래 뜻을 따라 읽어야 한다는 거야. 여기서

'문자 그대로'란 단순히 글자 표면만 읽는 게 아니라 문맥, 장르, 역사적 배경, 문법적 의미를 충분히 고려하여 저자의 본래 의도를 바르게 파악하는 것을 의미하지.

둘째, '성경은 성경으로 해석한다'는 원리. 예수는 구약의 여러 본문을 서로 연결해서 해석하며, 한 구절을 다른 구절로 설명하는 방식을 사용했어. 이것 또한 성경의 원저자가 성령 하나님 한 분이라는 것을 방증하지. 대표적으로 예수는 마태복음 22장 44절에서 다윗의 시편 말씀을 인용해 메시아가 단순한 다윗의 자손이 아니라 다윗이 주(메시아, 시편 110:1)라 부른 자임을 밝혔지. 성경의 한 부분을 성경 전체 맥락 속에서 조화롭게 읽어야 한다는 원리야.

셋째, '그리스도 중심적 해석'의 원리. 예수는 분명히 선언했어. '너희가 성경에서 영생을 얻는 줄 생각하고 성경을 연구하거니와 이 성경이 곧 내게 대하여 증언하는 것이니라'(요한복음 5:39) 구약 전체가 자신에 대해 증거한다고 선포한 거야. 성경 해석의 중심은 언제나 그리스도와 자신의 구속 사역임을 분명히 했지.

넷째, '성령의 조명과 실천적 적용'의 원리. 예수는 제자들에게 이렇게 약속했어. '진리의 성령이 오시면 그가 너희를 모든 진리 가운데로 인도하시리라'(요한복음 16:13) 참된 성경 해석은 인간의 이성만으로 되는 게 아니야. 성령의 조명과 인도 아래 말씀을 바르게 깨닫고 삶에 적용해야 비로소 온전한 해석이 되는 거지.

다섯째, '명확한 본문으로 난해한 본문을 해석'하는 원리. 예수는 부활 논쟁에서 이 원칙을 분명히 보여 주었지. 사두개인들이 부활을 부정하며 따져들자 예수는 이렇게 대답했어. '나는 아브라함의 하나님이요 이삭의 하나님이요 야곱의 하나님이로라 하신 것을 읽어 보지 못하였느냐 하나님은 죽은 자의 하나님이 아니요 살아 있는 자의 하나님이시니라'(마태복음 22:32) 부활이라는 복잡한 교리를 출애굽기 3장 6절의 확실한 선언으로 풀어낸 거야. 이미 명확히 계시된 본문으로 난제를 해석한 거지."

노리드는 잠시 숨을 고르고 사원들을 둘러보았다. 그때 열심히 메모하던 왓더헬이 다시 질문했다.

"마스터 노리드 님…, 그렇다면 사도들이 이 예수의 성경 해석 원칙을 실제로 적용했습니까?"

노리드는 천천히 고개를 끄덕였다.

"그렇다. 예수가 보여 준 해석의 다섯 가지 원리는 사도들의 성경 해석에도 고스란히 이어졌지. 신약성경을 찬찬히 보면 그 원리가 어떻게 적용되었는지 분명하게 보일 것이다."

사도들이 계승한 해석의 방식

"첫째, '문자적·역사적 해석'의 원리. 바울은 갈라디아서 3장 16절에서 이렇게 말하지. '이 약속들은 아브라함과 그 자손에게 말씀하신 것인데 … 자손들(복수)이라 하지 아니하시고 오직 하나를 가리켜 네 자손(단수)이라 하셨으니 곧 그리스도라' 이렇듯 단어의 복수·단수까지 치밀하게 살피며 구속사의 흐름을 해석했어. 신약성경 전체에서 구약을 인용할 때마다 이런 문자적·역사적 접근이 일관되게 드러나.

둘째, '성경은 성경으로 해석한다'는 원리. 사도들은 구약의 예언이나 율법을 인용할 때마다 다른 성경 구절과의 조화를 중요시했어. 사도행전 15장 예루살렘 공의회에서 야고보가 구약 아모스서를 인용하며 이렇게 말하지. '선지자들의 말씀이 이와 일치하도다'(사도행전 15:15) 한 본문의 의미를 다른 본문과 비교해서 읽는 정확한 원리를 보여주는 장면이지.

셋째, '그리스도 중심적 해석'의 원리. 사도들도 구약 전체가 예수 그리스도를 미리 보여주고 증거한다고 봤지. 예를 들어 베드로는 사도행전 3장 18절에서 이렇게 선포했어. '그러나 하나님이 모든 선지자의 입을 통하여 자기의 그리스도께서 고난 받으실 일을 미리 알게 하신 것을 이와 같이 이루셨느니라' 구약 예언을 그리스도에 대한 것으로 설명했어. 그리고 바울은 고린도전서 10장 4절에서 말하지. '다 같은 신령한 음료를 마셨으니 이는 그들을 따르는 신령한 반석으로부터 마셨으매 그 반석은 곧 그리스도시라' 여기서 바울은 출애굽기의 '반석'을 단순한 역사적 사건이 아니라 그리스도를 미리 보여 주는 사건으로 해석한 거야. 이처럼 사도들은 모든 구약의 사건과 예언을 철저히 그리스도 중심적으로 읽어낸 거지.

넷째, '성령의 조명과 실천적 적용'의 원리. 베드로후서 1장 20~21절을 봐. '먼저 알 것은 성경의 모든 예언은 사사로이 풀 것이 아니니… 오직 성령의 감동하심을 받은 사람들이 하나님께 받아 말한 것임이라' 성경 해석은 인간의 자의적 해석이 아니라 성령의 인도 속에서만 올바르게 이뤄진다는 거야.

다섯째, '더 명확한 본문으로 난해한 본문을 해석한다'는 원리. 바울은 로마서 4장에서 아브라함이 의롭다 함을 얻은 사건(창세기 15:6)을 들어 율법이 주어지기 이전에 이미 믿음으로 의롭게 된 사실을 강조하지. 이처럼 명확한 구절을 기준 삼아 율법과 믿음의 관계 같은 복잡한 주제를 해석하는 방식이야."

노리드는 어둠 속 사원들의 눈빛을 찬찬히 훑었다.

"사도들은 예수가 보여준 해석의 원칙을 그대로 따랐어. 교부들도, 종교개혁자들도 모두 이 방식을 지켜왔지. 이것이 오늘의 교회까지 이어진 '사도적 정통 성경 해석'의 뿌리야."

노리드가 검은 잔을 들어 목을 축였다.

왓더헬이 조심스럽게 손을 들었다.

"마스터님…, 예수로부터 이어진 성경 해석의 원칙들, 그게 교회의 뿌리라면… 우리가 그걸 정면으로 무너뜨릴 방법이 있을까요?"

"좋아. 그 질문이 나올 줄 알았지."

그는 단상 앞으로 천천히 걸어 나왔다.

목소리는 낮고 단호했다.

"해석을 바꾸는 거다. 가장 은밀하고 가장 정교하며, 가장 강력한 전략이지. 예수가 보여 준 성경 해석의 다섯 원칙, 그걸 하나씩 조용히 비틀어라. 말씀이 살아 있다 해도 그 뜻을 흐려놓으면 진리는 힘을 잃는다. 해석이 바뀌는 순간 복음은… 다른 복음이 된다."

예수의 해석을 해체하라

"첫째, 예수가 보여 준 첫 번째 원리인 '문자적·역사적 해석'을 뒤집어라. 가장 먼저 성경을 문자 그대로 읽는 건 구시대적이라며 비웃게 하라. '이건 상징이고 은유지, 역사적 사실은 아니에요.' '그 시대 사람들의 신앙고백을 담은 이야기일 뿐입니다.' 이런 말로 본문의 실제성과 역사성을 흐리되, 감동적인 메시지만 남기게 하라.

둘째, 예수가 보여 준 두 번째 원리인 '성경으로 성경을 해석'하는 원리를 뒤집어라. 본문을 전체 성경의 맥락 안에서 읽지 못하게 하라. '한 구절로 다른 구절을 제한하지 마세요. 각각 다른 시대와 저자니까요.' '성경은 다양성과 긴장 속에서 읽어야 해요.' 이렇게 말하게 하면 성경의 통일된 진리 구조는 무너지고, 해석은 분산되고 상대화된다.

셋째, 예수가 보여 준 세 번째 원리인 '그리스도 중심 해석'을 뒤집어라. 예수의 십자가와 부활을 복음의 중심에서 끌어내리게 하라. '예수님의 핵심은 죄보다 사랑이죠. 정죄보다 포용입니다.' '십자가는 죄의 대속보다 고통받는 자와 함께함의 상징입니다.' 이렇게 말하게 하면 예수의 죽음은 죄 사함이 아닌 희망의 이야기로 흐려지고, 구원은 감동으로 대체된다.

넷째, 예수가 보여 준 네 번째 원리인 '성령의 조명'을 뒤집어라. 성령의 역사를 주관적인 감정이나 열린 해석의 가능성으로 축소시켜라. '성령이 꼭 하나의 정답만 주실까요?' '성령의 인도는 다양한 의견을 존중하는 데 있어요.' 이렇게 말하게 하면 확신은 사라지고 진리는 개인 해석의 영역으로 흩어지게 된다.

다섯째, 예수가 보여 준 다섯 번째 원리인 '명확한 본문이 난해한 본문을 해석'하는 원리를 뒤집어라. 해석의 기준을 흐려놓고 다양한 관점이 공존한다는 명분을 내세우게 하라. '성경엔 다양한 긴장과 관점이 공존해요. 어느 구절이 우선이라고 말할 수는 없죠.' '정답보다 함께 질문을 품는 게 중요하지 않을까요?' 이런 말로 해석의 중심축을 흐리면 진리의 선명함은 곧 모호함으로 대체된다."

노리드는 사악하게 미소 지었다.

"이렇게 만들어 놓으면 성경은 아무리 널리 펴져도 복음의 심장이 멈춘다. 생명의 말씀은 숨이 끊어지고 빈 껍데기 종교 담론만 떠돌게 된다."

노리드는 사원들의 얼굴을 바라보며 한마디로 못 박았다.

"해석을 비틀어라!"

"예스! 마스터!"

우렁찬 악의 맹세가 회의실을 뒤흔들었다. 당장이라도 뛰쳐나갈 듯한 사원들의 기세가 등등했다. 그때 왓더헬이 붉게 상기된 얼굴로 질문을 던졌다.

"결국 그 예수의 방식이 사도들로부터 중세까지 계속 이어졌던 거군요?"

노리드는 천천히 고개를 끄덕이며 입을 열었다.

"그렇다. 중세 내내 우리는 성경이 바르게 들려지지 않도록 라틴어에 가두고 교황의 권위로 덮어버리려고 했건만, 완전히 없애지 못했다. 그리고 동방의 비잔틴제국에서는 헬라어 성경과 교부들의 저작이 계속 연구되고 있었어.

내가 치를 떠는 건 이거야. 우리가 그토록 흔들어보려 했건만, 4~5세기 아우구스티누스(Augustinus), 중세의 안셀무스(Anselmus), 베르나르(Bernard of Clairvaux) 같은 놈들이 사도적 신앙과 교리의 뿌리를 끈질기게 붙들고 있었다. 성경이 하나님의 무오한 계시라는 선언, 성경의 절대 권위와 완전성을 고수하는 선포, 삼위일체 곧 성부·성자·성령이 한 분 하나님이라는 이 정신 나간 고백, 그리고 예수 그리스도가 참 하나님이자 참 인간이라는 성육신의 신비까지⋯ 이 진리들이 결국 종교개혁자들의 손에까지 넘어가서 그놈들이 다시 깃발을 높이 들었다. 오히려 더 끈질기고, 더 집요하게 복음의 본질을 붙들어 버렸지. 로마 가톨릭이 심어놓은 행위에 근거한 공로주의 구원론, 면죄부 판매, 마리아와 성인 숭배, 교황의 절대적 권위, 성경 위에 군림하는 전통 체계까지⋯ 그들은 '비성경적'이라며 이 모든 걸 단호히 잘라냈지."

노리드의 눈빛에 씻기지 않은 원한이 비쳤다.

"나는 루터가 종교개혁을 일으키기 전부터 지켜보았어. 밤마다 자신의 죄의 문제로 고민하며 괴로워하던 그가 비텐베르크(Wittenberg) 탑 서재에서 로마서를 읽고 있었지. 그때 스쳐간 그 깨달음의 표정을 나는 잊을 수가 없어. '오직 의인은 믿음으로 말미암아 살리라'(로마서 1:17b)는 구절을 읽던 그 순간을."

당시의 표정이 생생하게 떠오르는 듯 그는 말을 멈추고 고개를 저었다.

"루터의 얼굴에 드러난 충격과 환희! 그는 수년간의 고뇌를 한순간에 벗어던졌어. 로마서의 그 말씀을 통해 인간의 행위가 아닌 하나님의 은혜로, 오직 믿음으로 구원받는다는 진리를 깨달은 거야."

노리드는 술잔을 집어 들어 잠시 잔 속을 응시하더니 갑자기 내던졌다. 검은 액체가 벽에 튀면서 흘러내렸다.

"그 후 일어난 일들을 보았나?"

그의 목소리가 높아졌다.

"루터는 교황의 면죄부 판매에 반대하는 95개 조항을 비텐베르크 성당 문에 못 박았어! 쾅! 쾅! 그것은 마치 유럽 전체에 울린 천둥소리 같았지."

노리드의 얼굴에는 분노, 시기 그리고 어쩌면 두려움까지 뒤섞여 있었다.

"루터의 개혁 운동이 확산되자 교황과 신성 로마 제국은 그를 눌러 버리려고 했지. 교황 레오 10세는 곧장 루터를 파문(1520년)했고, 황제 카를 5세는 그를 보름스 회의(Diet of Worms, 1521년)에 소환했어. 그 자리에서 루터에게 최후통첩을 날렸지. '교황의 권위에 복종하라, 로마 가톨릭 전통의 가르침을 부정하지 말라!' 압박은 거셌고 회의장은 숨이 막힐 정도로 긴장됐어. 하지만 루터는 끝내 굴복하지 않았지.

그는 단호하게 외쳤어. '나는 철회할 수 없습니다. 여기 제가 서 있습니다. 내 양심은 하나님의 말씀에 사로잡혀 있습니다. 달리 행할 수 없습니다. 하나님이여, 저를 도우소서.' 이게 목숨을 건 그의 대답이었다."

왓더헬의 눈시울이 붉어졌다. 그 순간 노리드가 차갑게 쏘아붙였다.

"정신 차려라! 우리는 적의 전략을 분석 중이다."

왓더헬이 깜짝 놀라 뒤로 물러섰다.

"루터는 살해 위협 속에서도 신약성경을 11주 만에 번역해 냈어. 개혁자들은 '오직 성경'을 외치며, 성경을 라틴어라는 감옥에서 해방시켰지. 모국어 성경이 사람들 손에 쥐어지자 복음은 평신도들의 심장 속으로 흘러 들어갔어. 그 누구도 사제들의 라틴어 해석에 의존하지 않아도 되었지. 그리고 결정적인 변수인 인쇄술의 발명, 이 악몽 같은 기술이 성경을 대량으로 퍼뜨렸어. 손으로 필사하던 시대에서 하루아침에 수백 권이 찍혀 나가기 시작했지. 천 년 동안 우리가 쌓아 올린 장벽이 균열을 넘어 붕괴를 시작한 순간이었어."

그의 목소리가 어둡게 울렸다.

"어쨌든 루터의 종교개혁을 막지 못한 건 우리의 뼈아픈 실수다. 사람들은 우리의 실패 이유와 루터의 성공 이유를 여러 가지로 진단하지만, 핵심은 단 하나. 그때의 종교개혁이나 이 땅의 평양 대부흥이 불타오를 수 있었던 건 다 성경을 밤낮없이 읽은 까닭이다. 하나님은 말씀으로 역사하지.

사람들이 성경을 읽을 수 있게 되자 유럽 사회에 큰 지각변동이 일어났어. '아드 폰테스(Ad fontes)!' 근원으로 돌아가자, 성경으로 돌아가자며 야단법석을 떨었지. 젠장! 결국 인간들이 알아채 버렸어. 성령이 하나님의 말씀인 성경을 통해 구원의 은혜를 적용한다는 것을!"

"그래서 그토록 성경을 못 읽게 막으신 거군요. 진정 핵심을 쥐고 계셨네요?"

왓더헬이 경탄하며 물었다.

"나는 이미 알아챘지…"

노리드는 잠시 침묵하더니 회상에 잠긴 채 입을 열었다.

"내가 예수 곁에 맴돌 때였지…"

예수를 상대했던 노리드의 무용담은 전설적이기로 유명했다. 그때 기획된 KTB 프로젝트의 탄생 비화를 직접 듣게 된다는 사실에 사원들의 기대가 한껏 고조되었다.

"사람들은 기적을 경험하고도 머잖아 예수를 떠나더군. 반면 말씀을 믿은 자들은 떠나질 않았어. 그 이유가 뭘까 하고 궁금해하던 어느 날 예수의 '부자와 거지 나사로' 비유를 듣게 되었어. 지옥의 극렬한 고통 속에서 부자가 간청하지. 자기의 다섯 형제만은 이곳에 오지 않게 해달라고. 제발 거지 나사로를 다시 살려 보내서라도 천국과 지옥의 실상을 알려 회개할 수 있게 해 달라고 부탁했어.

예수가 말한 비유의 결론은 분명했어. 모세와 선지자의 글, 즉 성경을 듣고 예수를 믿을 때 참 회개가 일어나고 기적은 기적같이 까먹어 버린다고."

테이블 주위를 천천히 걸으며 말을 이었다.

"찬찬히 생각해 보니 하나님은 처음부터 다른 방법이 아니라 성경을 통해 일하고 있더군. 구약의 전 역사를 봐! 하나님이 모세를 통해 명령했지. 좌로나 우로나 치우치지 말고 성경에 기록된 말씀을 들으라고. 그리고 40년 광야 생활을 마치고 가나안 땅에 들어가 왕을 세우게 될 때 왕이 반드시 지켜야 할 하나님 말씀이 있었지. 왕은 평생 율법 책을 옆에 두고 읽어야 했어. 그리고 백성들에게는 7년마다 초막절 축제에 남녀노소 온 백성과 심지어 함께 사는 외국인까지 모아 율법을 낭독해 들려주라고 했지. 그 말씀을 듣고 지켜서 하나님 여호와 경외하는 법을 배우게 하라고 말이야…"

노리드는 불쾌한 듯 고개를 가로저었다.

"성경은 우리 사역의 최대 방해물이다. 우리의 먹이를 빼앗아 가기 때문이지. 성경은 사람들의 마음을 하나님께로 돌이키게 하는 놀라운 힘이 있다."

노리드가 분노 섞인 목소리로 물었다.

"타락의 일로를 걷던 유다 왕국 역사에서 전무후무한 개혁이 일어난 때가 언제인지 아나? 요시야 왕이 성전 수리 중에 발견한 성경을 읽었을 때였지. 그가 회개하고 모든 백성에게 들려주자 사람들은 우상을 버리고 하나님께로 돌아섰어. 죽어가던 민족이 살아난 거야."

노리드는 구약의 전 역사를 꿰뚫어 보며 사례를 들고 있었다.

"이스라엘이 바벨론 포로에서 돌아왔을 때의 일이지. 비록 그들의 몸은 약속의 땅으로 돌아왔지만, 마음은 하나님에게 돌아오지 않았어. 그러던 어느 날 온 백성이 하나님 앞에서 마음을 찢으며 울기 시작했어. 그땐 다름 아닌 느헤미야가 예루살렘 성벽을 재건한 후 에스라가 율법을 읽어 주고 설명해 줄 때였지. 말씀을 듣자 회개의 역사가 일어났어."

노리드의 얼굴에 결연한 표정이 떠올랐다.

"하나님은 계속해서 성경 말씀을 통해 사람들을 구원하더군. 이 사실에서 나는 해법을 찾았다. 그 즉시 전략을 짜서 나타스 님에게 제안을 드렸지. 나타스 님은 큰 축복과 함께 수천 년짜리 'KTB 프로젝트'를 허락해 주셨어."

입가에는 냉소적인 미소가 번졌다.

"핵심 콘셉트는 '킬 더 바이블,' 말 그대로 성경을 파괴하는 것.

그 방법은 바로 성경을 모국어로 듣지도 읽지도 못하게 막고 결국 성경대로 믿지 못하게 만드는 작전이지."

노리드의 어깨에 힘이 들어갔다.

"그렇다. 우리는 성경을 죽이는 지상명령을 수행 중이다. 예수의 지상명령(至上命令)을 역리로 바꾸는 나타스 님의 지상명령! '가르쳐 지키게 하라'를 못하도록 복음을 소음으로 만들고, '가서 제자 삼으라'는 미션(Mission)을 픽션(Fiction)으로 만드는 것!"

노리드의 선언이 끝나자 사원들 사이에 비장한 기대감이 흘렀다. 왓더헬은 엘리트 사원답게 노리드가 말하고 싶어 할 질문을 던졌다.

"나타스 님의 지상명령 '킬 더 바이블'을 수행하기 위해 하나님이 성경을 준 본질이 무엇인지 먼저 알려주십시오."

"그래. 성경을 무너뜨리려면 먼저 성경의 존재 이유부터 알아야겠지. 하나님이 성경을 준 이유? 간단하다. 인간 스스로는 결코 알 수 없는 하나님의 존재, 뜻, 구원 계획을 직접 알려 주기 위해서다. 하나님은 자신의 영광과 사랑 그리고 인간을 구원하려는 목적을 이루기 위해 자신을 계시했고, 그 핵심 내용을 시대와 민족과 언어를 초월해 기록된 말씀으로 남긴 것이다. 성경이 없었다면 인간은 하나님이 누구인지, 왜 세상을 창조했는지, 어떻게 죄와 죽음에서 구원받는지를 결코 알 수 없지. 결국 성경은 하나님 자신을 알게 하고 예수 그리스도를 통해 인간이 구원과 영생에 이르도록 주어진 정확한 계시의 말씀이다. 이것을 감추면 된다."

"성경을 준 이유가 바로 이거였군요!"

왓더헬은 이미 알고 있었지만, 신참 사원들을 위해 확인하듯 말했다. 그는 마스터 진급 심사에 동료들의 평가가 반영된다는 걸 계속 의식하고 있었다.

"그렇다면 성경이 하나님의 계시라는 믿음을 무너뜨릴 최적의 방법은 무엇입니까?"

노리드가 음흉한 미소를 지으며 답했다.

"성경을 인간의 저작물로 만들어라. 하나님의 말씀이 아니라 민족 통치와 종교 통제를 위해 사람들이 만들어 낸 문서라는 인식을 심어라. 물론 처음부터 대놓고 주장하면 반발하니, 슬쩍 찝찝한 의심만 스며들게 만들어라. 뱀처럼 지혜롭게 말이다. 예를 들어 '창세기는 고대 근동 문화의 영향을 받은 글 아니냐'라는 식으로 슬쩍 흘리면 된다."

왓더헬이 아는 체하며 끼어들었다.

"마스터 노리드 님…, 안 그래도 서울 한복판에서 이런 얘기들이 떠돌고 있습니다. '고대 신화가 성경보다 먼저 기록되었다. 성경은 그 영향을 받았다.' 그 예로 '바벨론 창조 신화 「에누마 엘리시(Enuma Elish)」, 수메르 대홍수 신화 「길가메시 서사시(Epic of Gilgamesh)」, 「아트라하시스 서사시(Epic of Atrahasis)」, 바벨론 법전 「함무라비 법전(Code of Hammurabi)」 등은 기원전 18~16세기에 기록됐는데, 모세오경은 기원전 15세기 이후니까 연대만 봐도 성경이 신화를 베낀 것 아니냐'라고 말이죠."

사원들 사이로 술렁임이 퍼졌다. 노리드는 흐뭇한 듯 고개를 끄덕였다.

"그래. 그게 바로 우리가 퍼뜨린 연대 함정이다. 겉으로 들으면 논리적 근거처럼 보이지만, 그 안엔 지독한 왜곡이 숨어 있다."

노리드가 몸을 앞으로 숙이며 목소리를 낮추었다.

"교인들에게 감춰야 할 몇 가지 핵심이 있다. 첫째, 연대 왜곡 트릭을 써라. 우리가 강조하는 건 '문서 기록 시점'뿐이다. 하지만 고대 사회는 기록으로 남기기 전 수백 년, 수천 년 동안 중요한 사건을 구전 전승(oral tradition)했다. 기록이 늦었다고 해서 그 내용이 모방했다는 증거는 되지 않는다. 오히려 유대 공동체는 다른 민족과 달리 역사와 율법을 철저히 보존해 온 집단이다. 창조와 홍수 이야기가 전 세계 여러 민족에게 퍼져 있는 이유는 실제 사건이 먼저 있었기 때문이다. 이후 각 민족이 그 사건을 전승하는 과정에서 왜곡되어 신화로 굳어진 거지. 성경은 그 원래의 역사적 사건을 하나님의 계시로 정확하게 기록한 것이다.

둘째, 소재 유사성으로 본질을 덮어라. 표면적으로는 창조·홍수·율법·신-인간관계 등 소재가 겹쳐 보인다. 그러나 핵심은 전혀 다르지. 성경은 오직 유일하신 하나님, 말씀으로 창조, 인간의 존엄, 죄와 구속, 거룩과 경건을 선포한다. 반면 신화들은 신들의 성욕, 싸움, 질투, 폭력으로 더럽혀져 있다.

셋째, 계시와 신화의 차이점을 흐릿하게 만들어라. 성경은 사실 신화를 해체하는 선언(de-mythologizing)이다. 창세기 1장을 보면 고대 근동에서 신으로 여겨졌던 태양, 달, 별조차도 단순한 '광명체'로 격하시킨다. 신격화하지 않고 오직 하나님만이 창조주임을 분명히 드러내는 유일신 선언이다. 고대 신화를 베낀 게 아니라 그 신관을 부정하는 선언이다. 성경은 주변 문화의 찌꺼기를 빌린 것이 아니라 오히려 그 세계관을 바로잡은 거지."

노리드는 이 세 가지 전략을 강조하며 말했다.

"성경을 신화의 재탕쯤으로 오해하게 만들어라. 하나님이 직접 주신 계시이며, 실제 역사를 기록한 진리라는 사실은 끝까지 숨겨라."

왓더헬이 확인하듯 물었다.

"결국 성경이 아무리 특별하다고 해도 그 근원이 하나님이 아니라 인간이라고 믿게 만들면 된다는 거군요?"

노리드가 천천히 미소 지었다.

"맞아. 사람들에게 성경이 독창적일 수는 있지만, 결국 '시대적 산물일 뿐이다'라고 믿게 만들어라. 하나님이 직접 드러낸 역사적 사실이 아니라 인간이 시대마다 신을 이해하려 애쓴 결과물이라 생각하게 하는 거지. 그렇게 되면 '계시'는 허깨비가 되고, 의심은 자연스레 살아나고, 믿음은 조용히 숨을 거둔다."

노리드는 사원들을 바라보며 힘주어 말했다.

"이것이 바로 우리의 승리다."

"예스! 마스터!"

사원들의 목소리가 어둠을 가르며 울려 퍼졌.

함성이 잦아들자 노리드는 오래된 분노를 꺼냈다.

"이런 위험한 물건인 성경을 못 읽도록 천년이 넘도록 충실히 막아오고 있었는데…. 이 골치 아픈 예수쟁이들이 성경을 자국어로 번역하고 설교하고 가르치기 시작했으니…"

노리드는 이빨을 꽉 깨물었다.

"젠장할 놈들! 위클리프, 롤라드, 후스, 루터, 칼뱅…"

2 _ 부

성경 안 읽게 하기

근세–근대 시대 (17~19세기)
'이성으로 성경을 덮다'

"인간이 진리를 판단한다."
계몽의 가면을 쓴 교만이
말씀의 보좌를 찬탈했다.

회의실에 깊은 침묵이 흘렀다. 사원들은 마치 자신이 그 실패의 책임이라도 있는 양 숨죽이고 있었다. 왓더헬이 조심스럽게 손을 들었다.

"마스터님, 사람들이 번역된 성경을 읽기 시작하면서 닥친 그 큰 위기를 어떻게 극복하셨는지요? 그때의 경험과 지혜를 들려주십시오."

역사를 잘 모르는 젊은 사원들이 호기심 어린 눈빛으로 노리드를 바라보았다. 노리드는 유리잔을 손가락으로 돌리며 회상에 잠겼다.

KTB 프로젝트의 위기와 전환

"성경이 확산되어 위기가 닥치자 담당자인 나는 본부로 소환되었다."

노리드의 목소리에는 그날의 긴장이 묻어 있었다.

"주변에서는 모두 걱정했지만, 나에겐 이미 다 계획이 있었지. 나타스 님을 알현해 설득했고, 전략 변경을 승인받았다. 성경이 널리 퍼진 이 불리한 판세 속에서 KTB 프로젝트를 살릴 수 있는 최선의 묘책이었지. 그건 바로 '성경 못 읽게 만들기'에서 '성경 안 읽게 만들기'로 바꾸는 것. 성경은 얼마든지 가지되, 읽지 않도록 만드는 것이 핵심이지!"

왓더헬이 경의를 표하며 고개를 숙였다.

"마스터님의 전략은 실로 탁월하십니다. 성경의 권위를 무너뜨려 사람들이 스스로 성경을 외면하게 만드시다니."

"맞아! 그거야. 성경을 하나님의 특별 계시가 아닌 인간의 책으로 전락시키고 절대적 진리라는 믿음을 무너뜨리면 성경에는 자연스레 먼지가 쌓이게 되지. 그리고 성경이 절대 진리가 아니라는 생각이 퍼지면 모든 기준은 사라진다. 결국 자기 자신이 기준이 되고 스스로 신이 되는 거야."

노리드의 얼굴에 엷은 미소가 번졌다.

"이게 바로 에덴동산에서 나타스 님이 약속하신 그대로가 아니던가. '너희가 하나님과 같이 될 것이다'(창세기 3:5). 하하하!"

왓더헬은 존경의 눈빛으로 노리드를 바라보았다.

"정말 귀신의 한 수입니다. 1517년 종교개혁 이후 성경 교리가 점차 체계적으로 정리되고, 16~17세기에는 교리문답서와 신앙고백서들이 널리 보급되면서 우리 사역이 큰 위기를 맞았죠.

그때 마스터님은 18세기 계몽주의를 탁월하게 활용하셨습니다. '이성'을 최고의 가치로 내세워 하나님 중심의 세상을 인간 중심의 세상으로 완전히 바꿔놓으셨죠."

노리드는 신참 엘리트의 칭송에 무관심한 척 다음 설명을 이어 갔다.

이성을 신격화하라: 계몽주의의 승리

"계몽주의는 자연과학과 문명이 눈부시게 발전한 시대였다. 영어로는 '인라이트먼트(Enlightenment)'라고 부르지. 나는 '어둠을 밝히는 빛'이라는 이 말속에 반전의 메시지를 교묘히 숨겨뒀지.

하나님 중심의 시대를 '흑암의 시대'로, 인간의 이성이 중심이 된 시대를 '빛의 시대'로 슬쩍 프레임을 바꿔 넣었어. 빛과 어두움의 개념을 완전히 뒤바꿔 버린 거지. 하! 마치 새로운 세상이 창조된 것 같았어."

노리드가 성경의 창세기를 패러디하듯 낭송하기 시작했다.

"'기독교라는 흑암이 깊음 위에 있고 나타스 님의 영은 땅을 두루 돌아 여기저기 운행하시니라. 나타스 님이 이르시되 빛이 있으라 하시니 빛이 있었고, 그 빛은 바로 이성이라.' 하!"

그의 웃음소리가 천장을 때리며 회의실에 울렸다.

"예수가 빛이 아니지. 암, 아니고 말고! 이성이 비추는 등불이 참 빛이지. 사람들은 그 빛에 즐거이 있기를 원했어. 하나님 생각 따윈 그만해도 되니까."

노리드가 두 팔을 활짝 펼치며 열정적으로 외쳤다.

"신본이 아니라 인본의 시대, 신율(神律)이 아니라 자율(自律)의 시대!

성가시게 신의 말을 따를 필요 없이 모든 걸 자기 생각대로 하면 되는 세상! 얼마나 고상하고 인간적인가? 하하하!"

노리드의 웃음을 따라 귀신 사원들의 환호가 회의실에 울려 퍼졌다.

왓더헬이 기록하던 펜을 들고 진지하게 물었다.

"마스터님, 계몽주의 시대를 이끈 주역들 중 마스터님이 꼽으시는 인물은 누구입니까?"

이성의 삼각 편대: 데카르트·칸트·다윈

"'데카르트와 칸트와 다윈의 자손의 세계라.' 나는 신약성경의 시작인 마태복음 1장 1절을 이렇게 바꿔야 한다고 생각해. 아주 기념비적인 인물들이지."

그가 손가락을 하나씩 접으며 소개했다.

"데카르트는 '생각하는 나'를 왕좌에 앉혔고, 칸트는 하나님의 율법 대신 인간의 양심과 이성을 도덕의 최고 법정에 세웠지. 그리고 다윈은 창조주를 밀어내고 그 자리에 자연선택을 앉혔어. 완벽한 인본주의 삼각 편대였어."

노리드의 얼굴에 기묘한 미소가 번졌다.

"데카르트(René Descartes, 1596~1650)는 정말 탁월했어. 인간을 모든 판단의 기준으로 올려놓은 유명한 선언을 남겼지. '나는 생각한다. 고로 나는 존재한다(Cogito, ergo sum).' 이 말은 사실 출애굽기 3장을 패러디했다고 볼 수 있지. 하나님이 직접 선포한 '나는 스스로 존재하는 자다'라는 말씀(출애굽기 3:14)을 정면으로 반박한 거야."

노리드의 눈빛에 짙은 만족감이 어렸다.

"'나는 여기 존재하는데, 스스로 존재한다는 당신은 어디 있느냐'며 비웃는 듯했지. 데카르트는 세상에 확실한 것이 무엇인지 끝까지 의심하고 또 의심한 끝에 결국 절대적으로 확실한 것은 하나님이 아니라 '생각하는 나,' 곧 자기 자신뿐이라는 결론에 이르게 됐어.

그래서 데카르트는 모든 것을 철저히 의심해 본 뒤 그 의심조차 의심할 수 없을 때에야 비로소 진리에 도달할 수 있다고 보았고, 이를 '방법적 회의'라 불렀지. 그 결과, 절대 진리인 하나님과 하나님의 말씀까지도 이성의 검증과 의심의 대상으로 삼게 된 거야."

그는 잠시 말을 멈췄다가 다시 이어갔다.

"여기서 한 걸음 더 나아간 사람이 바로 칸트야. 임마누엘 칸트(Immanuel Kant, 1724~1804)는 '감히 알라(Sapere aude),' 스스로 생각하고 판단해서 진실을 찾으라고 외쳤지. 그는 '인간이 무엇을 알 수 있는가? 어디까지 알 수 있는가?'라는 질문을 던졌어. 그리고 『순수 이성 비판』에서 이렇게 답했지. 인간 이성이 경험과 감각을 통해 인식할 수 있는 세계(현상계)와 이성으로는 결코 알 수 없는 영역[물자체(物自體), 신, 영혼, 자유]은 명확히 구분된다고 말했어.

즉 우리가 이성적으로 확실히 알 수 있는 진리는 모두가 납득할 수 있는 경험적 사실에 한정된다는 거지. 그래서 칸트는 신, 영혼, 자유 같은 형이상학적 존재들은 순수 이성(이론 이성)으로는 결코 도달할 수 없다고 결론지었어. 다만 '실천 이성,' 즉 사회적 도덕 질서를 유지하기 위해서 그런 존재들은 '가설'로 받아들이는 것만 허용했지.

결국 칸트는 '모두가 이성으로 인정할 수 있는 것만이 진리다'라고 강조했어. 신앙과 계시, 하나님에 대한 믿음은 이제 각자의 내면, 즉 개인적인 확신의 영역으로 밀려나게 됐지. 이렇게 칸트는 이성과 신앙의 경계선을 분명히 긋고 신앙을 더 이상 공적으로 논할 수 있는 진리가 아니라 철저히 주관적인 신념으로 바꿔 놓았어."

노리드는 교활하게 미소 지었다.

"이런 철학적 변화 덕분에 성경은 더 이상 절대적인 진리가 아니라 이성적 검증과 과학의 평가를 받아야 하는 오래된 이야기책으로 전락했어. 이성의 권위가 성경의 권위 위에 올라선 셈이지. 그 순간부터 성경의 권위는… 공적 진리의 자리에서 밀려나 개인의 선택과 취향의 문제로 전락하기 시작한 거야."

성경 해체의 무기: 자유주의 신학과 고등비평

"이렇듯 칸트가 18세기 후반에 물꼬를 터주기 시작하자 19세기에는 성경 해석 방법 자체를 바꾸려는 움직임이 나타났어. 왜냐하면 이제는 오직 이성으로 검증할 수 있는 것만 진리로 받아들여질 수 있다고 여겼기 때문이지. 그 결과, 신앙이나 계시, 기적 같은 초자연적인 것들은 점점 의심받거나 적어도 비판적으로 재해석해야 한다는 분위기가 강해졌어.

이런 흐름 속에서 등장한 것이 바로 자유주의 신학과 고등비평(역사비평) 같은 새로운 성경 해석 방법이야. 자유주의 신학자들은 더 이상

성경을 무오한 하나님의 말씀으로 보지 않고 고대 문서로서 역사적·비판적으로 분석하려 했지.

특히 독일의 슐라이어마허, 리츨, 하르낙 같은 학자들이 그 선두에 섰어. 슐라이어마허는 신앙을 객관적 진리가 아니라 '절대 의존의 감정,' 즉 인간 내면의 종교적 경험으로 이해했어. 리츨은 기독교의 본질을 도덕적 실천과 예수의 역사적 모범에서 찾으려 했지. 하르낙 역시 성경의 기적과 초자연적 요소를 역사적 맥락에서 비판적으로 분석하면서 신앙의 본질을 '예수의 가르침'과 '윤리적 삶'에 두었어.

결국 이들은 모두 성경을 더 이상 절대적이고 초월적인 진리의 책으로 보지 않았어. 그 대신 단지 개인적 감동과 도덕적 교훈을 담은 시대와 문화의 산물로 격하시켰지. 이게 바로 칸트 이후 신학계에 나타난 가장 큰 변화였어."

독일 지역 담당 사원이 조심스럽게 물었다.

"마스터님, 자유주의 신학이 동양권에도 영향을 미쳤습니까? 아시아 교회들은 보수적이라는 평가가 많던데…."

노리드는 짧게 웃으며 고개를 저었다.

"겉으론 보수적으로 보일지 몰라도 자유주의 신학은 이미 동양에도 깊이 스며들었어. 서구에서 훈련받은 선교사들과 유학생들의 귀국, 신학교의 커리큘럼, 국제적 신학 네트워크와 출판 등의 경로를 통해 자연스럽게 퍼져 나갔지.

특히 아시아 교회들은 신학 교육과 교회 조직을 서구에서 그대로 받아들였기 때문에 서구 신학의 변화가 곧 동양 교회의 변화로 이어지는 구조지."

그는 잠시 말을 멈추고 회의실을 둘러보았다.

"자유주의 신학은 변화하는 사회, 과학, 비판적 사고에 맞춰 기독교 신앙을 새롭게 해석하고자 했어. 하지만 그 과정에서 성경의 권위와 기독교의 본질이 심각하게 훼손됐지."

노리드는 손가락으로 책상 위를 두드리며 말을 이었다.

"자유주의 신학의 특징을 정리해 볼까?

첫째, 성경을 하나님의 직접 계시가 아니라 인간의 종교적 체험을 기록한 책으로 본다. 그래서 성경의 신적 권위가 인간적 권위로 격하되지.

둘째, 성경에 기록된 초자연적 사건들, 즉 예수의 동정녀 탄생이나 부활 같은 기적은 이성적으로 맞지 않는다며 축소하거나 상징적·신화적 요소로 간주한다.

셋째, 예수의 신성을 약화시킨다. 성자 하나님이 아니라 탁월한 도덕적 스승이나 종교적 성인 정도로 해석하지.

넷째, 기독교만이 유일한 구원의 길이라는 가르침 대신 모든 종교에 구원의 요소가 있다는 종교다원주의를 받아들인다.

다섯째, 인간의 이성, 도덕 그리고 양심을 신뢰하고 인간의 진보와 발전을 낙관적으로 본다. 그래서 인간의 노력으로도 하나님의 나라에 이를 수 있다고 생각하지."

유럽 북부 담당 사원이 고개를 끄덕이며 덧붙였다.

"북유럽 교회들이 이 자유주의 신학을 받아들여서 빠르게 무너졌습니다. 성경의 권위가 약해지니 교회는 존재 이유를 잃었죠. 결국 순식간에 무너진 겁니다."

노리드는 조용히 고개를 끄덕였다.

"이런 변화는 단지 과거 특정 지역에서의 일이 아니야. 지금도 많은 나라의 신학교와 교회, 심지어 평신도들의 신앙에까지 자유주의 신학의 영향이 스며들고 있지. 이 자유주의 신학이 사람들에게 먹혀들어 갈 수 있었던 것은 단순한 주장을 넘어서 성경 해석의 도구, 학문적 무기를 만들어 냈기 때문이야."

그는 마치 강의실의 교수처럼 말을 이었다.

"다음은 고등비평학이다. 19세기 독일에서 시작된 이 연구 방법은 성경을 하나님의 말씀으로 보지 않고 일반 고대 문서를 다루듯 저자, 편집 과정, 시대적 배경에 대해 인간적인 관점에서 분석하는 거야. 마치 셰익스피어나 고대 로마의 역사서를 연구하는 것처럼 말이지."

그는 입꼬리를 살짝 올렸다.

"대표적인 예가 벨하우젠(Julius Wellhausen)이 주장한 구약의 '문서가설'이지. 이 이론은 창세기부터 신명기까지, 즉 모세오경이 모세가 쓴 게 아니라 여러 사람이 전해 내려오던 문서들을 나중에 짜깁기해 만든 거라고 주장했어. 'J, E, D, P'라는 네 가지 가상의 문서를 설정하고 그걸로 모세오경을 해체했지. 그러나 이른바 네 가지 문서는 결코 발견된 적이 없으며, 오로지 이론적 추정 위에 세워진 가설일 뿐이다. 그런데도 이 가설이 널리 퍼지면서 사람들은 '모세오경을 정말 모세가 썼을까?' 하고 성경의 신뢰성을 의심하기 시작했지.

신약에서도 마찬가지야. 성서비평학자들은 'Q(Quelle, 출처)문서'라는 가상의 자료가 있었다고 주장했지. 마태복음과 누가복음에 비슷한 내용이 나오는 것은 이 Q문서를 참고해 기록했기 때문이라는 거야.

하지만 이 Q문서도 지금까지 실재를 입증할 만한 어떤 증거도 없다. 그럼에도 이 가설은 널리 퍼져서 복음서들이 서로 베끼거나 짜깁기 된 책처럼 여겨지게 됐어. 결국 복음서의 신뢰성 자체에 심각한 논쟁과 의심이 일기 시작한 거지."

노리드는 손가락을 세우며 쐐기를 박듯 말을 이었다.

"그리고 한발 더 나아간 게 '역사적 예수 탐구(Quest for the Historical Jesus)'였어. 역사적 예수 탐구란 성경에 기록된 예수가 신화적으로 꾸며진 존재라는 전제에서 출발해서 실제 역사 속 예수가 어떤 사람이었는지 비판적이고 역사적인 방법으로 재구성하려는 시도였지. 알베르트 슈바이처(Albert Schweitzer)와 루돌프 불트만(Rudolf Karl Bultmann) 같은 이들은 '역사적 예수는 전통적 신앙이 말하는 예수와 다르다. 예수의 신성이나 부활, 기적 등은 후대 교회가 신앙적으로 해석하며 만들어 낸 신화적 요소'라고 주장했지. 이성적으로 볼 때 그런 일은 역사적으로 검증할 수 없다는 거였어. 그런데 재미있는 게 뭔지 아나?"

그는 회의실을 둘러보며 미소 지었다.

"학자마다 '진짜 예수'의 모습이 전부 달랐다는 거야. 어떤 이는 예수를 로마에 저항한 혁명가라고 하고, 어떤 이는 인류애를 가르친 도덕 교사라고 하고, 어떤 이는 신비주의자로 몰아갔지. 결국 각자 자기 이성의 관점에 부합하는 예수상을 만들어 낸 거야. 역사 자료보다 연구자의 선입견과 시대정신이 더 많이 반영됐다는 학계의 비판을 그들 스스로도 인정했지."

노리드는 입꼬리를 비틀며 비웃듯 한마디 덧붙였다.

"이게 연구인가, 아니면 연출인가? 자기가 바라는 예수를 기획하는 제작자인가? 결국 그들은 '역사적 탐구'라는 이름으로 자신들이 믿고 싶은 예수를 만들어 낸 거지."

노리드는 잠시 숨을 고르고 말을 이었다.

"양식비평(Form Criticism)을 창시한 헤르만 궁켈(Hermann Gunkel)과 신약에서 이를 발전시킨 불트만 같은 학자들은 성경 본문을 다양한 장르별로 나누고 각 단락이 형성된 사회적 배경을 추정했지. 특히 복음서 본문을 조각조각 잘라서 '이 단락은 갈릴리 어부들이 폭풍우에 떨며 전해 온 구전 전승이다' '저 단락은 초대 교회의 신앙고백에서 파생된 창작이다' 하고 자의적으로 구분했어. 예수가 풍랑을 잠재운 사건도 '광풍에 휩쓸릴까 두려워하던 어부들이 나중에 과장해서 꾸며낸 이야기'라고 주장했지. 그런데 그들의 주장을 뒷받침할 어떤 증거도 없어. 고대 문헌이나 고고학적 증거도 없고 초대 교회 기록도 없지. 오로지 그들의 머릿속에서 추정해 낸 과장일 뿐이야. 더 놀라운 건 이런 과잉 추측을 '과학적 연구'라고 부른다는 거지."

노리드는 회의실을 천천히 거닐며 말을 이었다.

"이런 비평적 방법은 '학문적'이라는 이름으로 포장되어 일부 신학교와 교회에까지 퍼졌어. 목사후보생들조차 성경을 하나님의 말씀으로 확신하기보다는 의문을 품고 해석하려는 태도를 배우게 된 거야. 결국 성경은 더 이상 신앙과 삶의 절대 기준이 아니라 해석과 재해석의 대상이 되어 버렸지."

그는 만족스럽게 미소 지었다.

"결국 사람들로 하여금 성경의 권위를 의심하게 만드는 데 성공했어. 성경을 자기의 생각대로 넣거나 빼거나 했지. 이건 마치 거장 렘브란트의 명화 위에 함부로 덧칠하는 것과 같았지.

자유주의 신학자들은 초대 교회부터 이어진 사도적 신앙 대신 인간 이성과 경험에 기초한 새로운 신학을 세웠어. 사도들과 선지자들의 터(에베소서 2:20)가 아닌 인간 이성과 현대 과학 위에 신학을 세운 거지."

그는 주먹으로 탁자 위를 노크하며 말을 맺었다.

"이제 이런 신학이 대학에서 정립되고 교수들을 통해 목사후보생들에게, 또 목회자들을 통해 교회 성도들에게, 성도들을 통해 자녀에게까지 퍼져 나가고 있어. 하하! 이 얼마나 아름다운 선순환인가?"

교회 밖 과학으로 창조주를 지워라

"그리고 그뿐만이 아니야. 신학계 안에서만이 아니라 진화론, 지질학, 역사학 같은 일반 학문들이 신앙의 토대를 교회 밖에서 정교하게 흔들었지."

왓더헬이 메모지를 꺼내며 흥분했다.

"맞습니다. 마스터님. 성경의 권위를 약화시키는 신학 교육과 함께 하나님을 배제한 일반 학문을 학교 교육에 심는 전략은 정말 치밀했습니다."

노리드는 자부심을 감추지 않았다.

"계몽주의 시대에 교회 밖에 뿌린 씨앗들이 19세기에 꽃을 피웠지.

그 대표적인 예가 바로 진화론이야.

1859년 찰스 다윈(Charles Robert Darwin)의 『종의 기원』이 세상에 나왔지. 이제는 하나님 없이도 생명의 기원과 다양성을 설명할 수 있게 된 거야. '초자연적 창조자'는 더 이상 필요 없어졌지."

노리드는 손가락으로 바닥과 천장을 가리켰다.

"지질학에서는 라이엘(Charles Lyell)의 균일설이 지구가 오랜 시간에 걸쳐 점진적으로 형성됐다고 주장했고, 천문학에서는 라플라스(Pierre-Simon Laplace)의 성운설이 태양계의 자연적 기원을 설명했지.

인류학과 고고학은 성경 연대기의 신빙성에 의문을 던졌고, 비교종교학은 기독교를 수많은 종교 중 하나로 격하시켰어."

그는 사원들을 둘러보며 의미심장한 표정을 지으며 말했다.

"이 모든 이론을 학교 교육에 이식했지. 아이들이 어릴 때부터 하나님 없는 세계관을 자연스럽게 받아들이게 만든 거야. 그 결과, 창조주 하나님은 현대인의 마음속에서 점점 희미해지다가 결국 사라져 갔지. 이게 바로 우리가 원했던 열매야. 오컴(William of Ockham)의 면도날처럼 하나님이라는 존재부터 깨끗하게 지워 버리면 세상은 훨씬 살맛 나거든. 하하!"

맨 앞에 앉았던 신참 사원이 불쑥 질문했다.

"마스터님! 그런데 이렇게 잘 작동하던 계몽주의 전략을 왜 바꾸셨습니까? 하나님을 지우고 인간 이성을 최고의 자리에 올리는 일에 성공했는데 말입니다."

노리드는 입꼬리를 비틀며 위스키를 천천히 삼켰다. 그의 눈빛은 어둠의 궤적을 쫓아 세기를 누빈 자답게 차갑고 잔인했다.

"전쟁이란 게 한 번에 끝나는 게 아니거든. 전투마다 전술을 바꿔야지."

날카로운 손끝으로 책상 위에 잔을 내려놓았다.

"모든 시대 사람들은 하나같이 행복을 원해. 계몽주의 당시 사람들은 이성, 과학, 자율이 자신들을 행복하게 해줄 거라 확신했지. 마치 새로운 종교처럼 말이야."

신참 사원이 다시 물었다.

"마스터님, 그렇다면 인간의 행복을 향한 갈망을 공략하신 겁니까?"

노리드는 고개를 끄덕이며 미소 지었다.

"바로 그거야. 계몽주의 시대를 지나면서 이성이 발달하고 지식이 늘었지. 우주와 자연에 대해 알아가며 인간은 세상을 컨트롤할 수 있다고 믿기 시작했어. 과학과 의학이 발전하면서 생명 연장에 대한 자신감도 생겼고, 산업 발달로 물질적 풍요까지 기대하게 되었지."

노리드의 표정이 갑자기 어두워졌다. 눈빛이 서늘하게 식었다.

"그런데 어느 날 원자폭탄이 떨어진 거야."

일본 지역 담당이 중얼거렸다.

"히로시마와 나가사키…."

노리드는 손으로 폭발 장면을 흉내 내듯 손가락을 펼쳤다.

"행복을 가져다줄 거라 확신했던 이성과 과학은 결국 1·2차 세계대전과 경제 대공황 앞에서 사람들을 절망에 빠뜨렸어. 인간들은 깨달았지. '이성이 언제나 옳은 건 아니구나' '이성만으로는 모든 문제를 풀 수 없구나' 하고 자신들의 한계를 보기 시작한 거야."

절대 진리를 해체하라: 현대 철학과 사회구조

"그렇게 계몽주의가 저물어 갈 무렵 인간들은 행복을 방해하는 것이 무엇인지 성찰하기 시작했어. 문제는 이성 자체가 아니라 이성이 작동하는 틀인 '사회구조'라고 입을 모았지."

노리드는 만족스러운 미소를 지었다.

"좋은 방향성이었어. 여기서 말하는 사회구조란 '성경적 사회구조'를 뜻하거든. 종교개혁 이후 서구 사회에서는 성경의 가치관이 법과 교육, 가족 제도의 뼈대가 되었지. 그런데 이제 그런 토대는 부정되고, 문제의 핵심인 인간의 죄와 죄성은 외면당했어. 모든 시선은 사회구조로만 쏠리게 되었지. 흥미로운 건 일부 신학계조차 사회구조 비판 흐름에 동참하기 시작했다는 거야. 자유주의 신학도 죄에 대한 성경적 진단을 외면한 채 '사회구조 개혁'에 몰두하게 됐지."

노리드는 허공에 흐름을 바꾼 핵심 인물들의 이름을 썼다. 그의 손끝에서 어두운 흔적이 잠시 맴돌다 사라졌다.

"프로이트(Sigmund Freud)는 인간의 성적 욕구가 사회 규범에 의해 억압될 때 무의식에 쌓여 신경증을 유발한다고 주장했어. 그의 이론은 후대에 전통적인 성 윤리, 특히 일부일처제나 절제 같은 건전한 규범을 억압의 도구로 몰아갔지. 본래 사회를 지탱하던 규범이 도리어 폭력으로 보이기 시작했어."

이어서 현대 비판 이론가들을 소개했다.

"소쉬르(Ferdinand de Saussure)와 데리다(Jacques Derrida)는 언어가 인간의 사고 구조를 만들고 권력이 그 구조를 통해 지배한다고 봤어.

'남성과 여성' '문명과 야만' 이런 단어 쌍에 이미 위계와 차별이 숨어 있다고 주장했지. 그래서 '성경의 언어조차 억압의 도구'라며 문제 삼았어. 예를 들어 '남편은 아내의 머리다'(에베소서 5:23)라는 말은 원래 사랑과 책임의 질서를 말하는 것이었지만, 그들에겐 단지 남성 권력의 표상일 뿐이었지. '하나님께 순종하라'는 말씀도 자유를 억압하는 종교 권력의 언어로 몰아갔어."

노리드의 눈이 빛났다.

"푸코(Paul-Michel Foucault)는 한 걸음 더 나아갔어. 그는 학교, 병원, 교도소 같은 제도가 겉으론 교육과 교정을 말하지만, 사실은 '정상과 비정상'을 구분해 사람들을 통제한다고 봤지.

푸코에 따르면 우리가 '내 생각' '내 정체성'이라고 믿는 것조차 사실은 사회가 미리 짜놓은 틀에서 만들어졌다는 거지. 진짜 자유로운 사고란 애초에 불가능하다는 거야."

그는 힘주어 말했다.

"결국 이런 논리가 '도덕도 진리도 모두 권력의 산물이다'란 생각으로 번졌어. 그래서 절대 진리, 절대 도덕은 없다고 주장하게 된 거야."

노리드는 입꼬리를 올리며 말했다.

"이걸 가장 극적으로 보여준 사례가 있지. 19세기 중후반 정신의학 개념이 정립되던 시기부터 동성애는 정신 질환인 '도착(倒錯)'으로 분류되어 치료의 대상이었어. 하지만 푸코 같은 이들의 영향으로 1973년 미국정신의학회(APA)가 동성애를 정신 질환 목록에서 완전히 삭제했지. 기준이 바뀌니 진단과 도덕도 다 바뀌는 거야."

그의 눈빛이 교활하게 빛났다.

"결국 사람들의 언어와 '정상'의 기준만 바꿔도 사회 전체의 규범이 무너지는 거지. 이게 바로 우리의 전략이야. 이제 정면으로 기독교를 공격하는 시대는 끝났어. 성경적 가치가 녹아 있는 '사회구조 자체'를 해체하는 전략으로 바꿨지."

노리드는 눈빛을 한 번 더 굳히며 말을 이어갔다.

"16~17세기 종교개혁 이후 유럽과 미국 사회는 성경적 가치 위에 세워졌어. 예를 들어 존 로크(John Locke)는 '인간은 창조주로부터 권리를 부여받았다'라고 주장했고,「미국 독립선언서」(1776년)에도 '창조주가 부여한 양도할 수 없는 권리'라는 문장이 분명히 명시되어 있지. 이런 개념들이 지금의 자유, 인권, 법질서의 토대가 된 거야.

하지만 우리는 그 가치들을 조용히 해체하기 시작했어. '천부인권 같은 개념은 인간이 만든 허상일 뿐이야'라고 속삭였어. 그리고 '창조주 대신 이성의 여신을 섬기던 프랑스 혁명(1789년)'을 따라야 한다고 부추겼지. 하나님 대신 인간 이성을 신으로 만든 거였어."

노리드가 팔을 크게 벌렸다.

"그 흐름은 결국 20세기로 이어졌어. 1960년대 프랑스 철학자 푸코, 데리다, 알튀세르(Louis Althusser) 같은 이들은 기존의 질서와 언어, 권위를 모두 해체해야 진짜 자유와 평등이 온다고 주장했지. 그리고 이 주장들은 '절대 진리는 없다'는 포스트모더니즘으로 발전했고 이제는 대학과 예술 심지어 신학교까지 파고들었어."

그는 낮은 목소리로 덧붙였다.

"우리가 퍼뜨린 메시지는 간단해. 진리는 상대적이고 도덕은 개인적이며, 권위는 억압이라는 것. 그리고 그 언어는 교회 안에도 스며들었지.

기독교인들조차 그 말들을 아무 의심 없이 따라 하게 됐지. 이제 교회 안에서도 사람들이 '사랑! 관용! 포용! 평등!' 같은 말들을 가장 고귀한 가치인 줄 알고 주저 없이 내세워. 물론 그 말 자체는 나쁠 게 없지. 하지만 그런 단어들이 성경의 진리와 기준을 허무는 도구로 변해가고 있는데도 교인들은 별다른 의심을 하지 않아."

노리드는 히죽 웃으며 마지막 말을 던졌다.

"그들이 외치는 구호가 성경과 정면으로 충돌한다는 사실을 앞으로도 모를 거야. 하하하!"

3_부

성경 해체하기

근대–현대 시대 (20~21세기)
'포스트모더니즘—전략의 정점'

"절대 진리는 없다."
포스트모더니즘의 승전가가 울려 퍼진 곳에서
하나님의 음성이 사라졌다.

회의실 중앙에 거대한 홀로그램 화면이 떠올랐다. 노리드가 천천히 단상 위로 걸어 올라가며 목소리를 높였다.

"사원들이여, 이제 우리는 '프로젝트 KTB'의 최종 단계를 다룬다. 먼저 앞서 다룬 두 단계를 간단히 복습하겠다."

그는 홀로그램 화면을 조작하며 전체 개요를 띄웠다.

"1단계 '성경을 못 읽게 하기.' 중세 시대를 중심으로 언어 장벽을 세우고 성경 번역과 보급을 차단했다. 이는 성공적이었지만, 위클리프와 루터의 등장이 변수로 작용했다."

노리드는 두 번째 항목을 가리켰다.

"2단계 '성경을 안 읽게 하기.' 계몽주의와 이성 중심의 세계관으로 성경의 권위를 약화시켰다. 성경은 읽을 수 있지만, 더 이상 진지하게 받아들이지 않도록 만들었다."

그의 얼굴에 어두운 미소가 떠올랐다.

"그리고 지금 … 우리는 3단계에 와 있다. 바로 '성경 해체하기.'"

포스트모더니즘의 뿌리: 해체의 출발점

노리드는 깊게 숨을 들이마셨다.

"계몽주의의 최고봉, 모더니즘의 설계자 칸트. 그는 다음 세상 포스트모더니즘을 완벽히 예견했던 걸까?

동네 사람들이 칸트를 보고 시계를 맞췄을 정도였지. 집안 물건 하나하나가 항상 같은 자리, 같은 각도로 있지 않으면 안절부절못했던 사람. 그런 철두철미한 칸트가 자기 집 벽에 걸어둔 단 하나의 초상화가 있었지."

왓더헬이 고개를 갸웃했다.

"누구였습니까?"

"칸트가 매일 마주한 초상화의 주인공은 바로 루소(Jean-Jacques Rousseau, 1712~1778)였다. 계몽주의 철학자였지만, 누구보다 다음 시대인 포스트모더니즘의 문을 연 인물이기도 하지. 루소는 『인간 불평등 기원론』에서 인간의 불행은 본성이 아니라 사유재산과 같은 사회적 제도에서 비롯된다고 주장했어. 사회가 인간을 타락시킨다는 거지."

그는 비웃듯 미소 지으며 말을 이었다.

"그런데 그런 주장을 펼치던 루소는 정작 자신의 다섯 아들을 모두 파리 고아원에 맡겼어. 문헌에 따르면 당시 파리 고아원의 영아 사망률은 65퍼센트를 넘었지. 입으로는 인간 본성의 선함을 설파했지만, 정작 자신은 이기적인 선택을 해 아이들을 생명이 위협받는 곳으로 보낸 사실, 이보다 더 모순적인 장면이 있을까?"

그가 목소리를 더 낮추어 말했다.

"쉿! 동시대의 철학자 볼테르(Francois-Marie Arouet Voltaire)도 루소의 위선을 강하게 비판했어. 그 모순을 보면서도 사람들은 여전히 루소를 따랐다는 게 더 흥미롭지."

노리드는 손가락으로 성경을 가리키며 말했다.

"성경은 분명히 말하고 있어. '만물보다 거짓되고 심히 부패한 것은 마음이라'(예레미야 17:9) 원죄와 타락은 인간 마음속 본성 그 자체가 죄로 물들어 있다는 거야. 하지만 루소는 정반대로 '인간은 본래 선하게 태어났고 사회가 그를 타락시켰다'라고 선언했지. 자신의 문제를 사회 탓으로 돌리는 논리야. 그러니 그의 주장이 당시 사람들에겐 더욱 달콤하게 들렸던 거고. 성경의 인간론을 모르니 설득은 식은 죽 먹기지. 사람들은 고개를 끄덕일 만한 논리만 있으면 쉽게 넘어가거든."

포스트모더니즘의 핵심 전략: 5가지 무기

노리드가 누군가를 찾았다.

"헤이, 왓더헬! 일어서서 제군들에게 포스트모더니즘에 대해 설명해 주게."

왓더헬이 벌떡 일어나 사원들을 향해 또렷한 목소리로 말했다.

"포스트모더니즘을 제대로 이해하려면 먼저 그 뿌리인 독일의 '프랑크푸르트학파(Frankfurter Schule)'를 주목해야 합니다. 이들은 1920년대 네오마르크스주의(neo-marxism)의 비판 이론가 그룹입니다. 여기서 말하는 '비판'은 단순한 비평이 아닙니다. 기존 질서의 해체와 체제 전복, 그것이 이들의 목표였죠.

아도르노와 호르크하이머 같은 학자들이 마르크스의 '계급투쟁 이론'을 경제에서 문화 영역으로 확장했습니다. 이걸 '문화마르크스주의(Cultural Marxism)' 혹은 '네오마르크스주의'라고 부릅니다. 그리고 이 흐름은 1960년대 프랑스 철학자들인 데리다와 푸코에게 직접적인 영향을 끼쳤고, 그들이 바로 포스트모더니즘의 핵심 설계자들입니다.

포스트모더니즘은 가벼운 문화 유행이 아닙니다. 앞서 설명하신 여러 사상과 철학의 강줄기들이 하나의 거대한 흐름으로 합쳐져 형성된 것입니다. 이것은 성경 해체를 위한 완벽한 도구입니다. 이제 포스트모더니즘의 특징과 이를 활용한 다섯 가지 핵심 전략을 설명드리겠습니다.

첫째, 상대주의입니다. '모든 건 사람마다 다르게 느낄 수 있으니 절대적인 건 없다'는 주장입니다. 이 상대주의는 성경을 흔들어 뿌리째 뽑는 도구입니다. 하나님의 말씀은 정확하고 오류가 없으며, 예수 그리스도는 오직 하나뿐인 구원의 길이며, 성경은 신앙과 삶의 절대 기준이라는 진리를 그저 '수많은 관점 중 하나'로 격하시킵니다. 결국 기독교는 그냥 여러 선택지 중 하나가 돼버리는 겁니다.

둘째, 메타내러티브(Metanarrative)의 거부입니다. 쉽게 말하면 '큰 이야기' '모든 걸 설명해 주는 단일한 이야기'는 없다라는 주장입니다. 기독교의 거대 서사, 큰 이야기는 '구속사'입니다. 즉 '창조, 타락, 구속, 완성, 곧 새창조'로 전개되는 하나님의 구원 역사죠. 하지만 포스트모더니즘은 이 구원의 역사를 기독교가 성도들을 복종시키기 위한 권력의 내러티브로 간주하며, 정치적 도구로 몰아갑니다.

셋째, 해석학적 주관주의입니다. 개인의 주관적 경험과 해석을 강조합니다. 말 그대로 해석을 내 느낌대로 한다는 겁니다. '독자 중심의 해석'이라는 명목으로 성경의 본래 의미인 하나님의 뜻보다 '이 구절을 당신은 어떻게 느끼나요?' 같은 질문이 우선됩니다. 결국 성경은 객관적인 진리가 아닌, 사람마다 다르게 받아들이는 감정 중심의 텍스트가 되어 버립니다.

계속해서 넷째, 언어적 회의주의입니다. 언어가 현실을 정확히 표현할 수 없다는 주장입니다. 이 논리는 '하나님을 인간의 말로 어떻게 설명할 수 있느냐'는 식의 의문을 주입합니다. 그러면 성경의 계시도, 하나님에 대한 어떤 설명도 전부 불완전한 것처럼 의심하게 됩니다.

마지막으로 다섯째, 권위 해체주의입니다. 모든 권위, 특히 교회, 성경, 목회자 같은 영적 권위를 아예 불신하게 만듭니다. '그건 종교 기득권일 뿐이다'라고 속삭이며 가르침은 통제로, 말씀은 억압으로, 교회는 지배를 위한 시스템으로 보이게 만듭니다. 이 프레임이 심어지면 공동체를 내부에서부터 서서히 붕괴시키는 아주 정교한 효과를 낳습니다."

사원들은 이 다섯 가지 전략의 위력을 음미하는 듯 침묵했다.

철학자 1: 니체 – '신은 죽었다'의 의미와 파장

노리드는 왓더헬의 설명에 만족스럽게 고개를 끄덕이고는 중앙으로 걸어 나왔다. 스크린에는 니체의 초상화가 떠올랐다.

"프리드리히 니체(Friedrich Wilhelm Nietzsche, 1844~1900), '망치를 든 철학자'라 불린 그는 고대부터 이어진 모든 절대적 진리와 눈에 보이지 않는 본질이나 신의 존재 같은 형이상학을 깨부쉈지. 칸트가 『실천이성비판』에서 제안했던 도덕의 근거로 남겨둔 '신'조차도 니체는 필요 없다고 선언했어. 즉 인간의 도덕과 가치는 신이나 절대적 기준 없이도 스스로 만들어야 한다고 본 거지."

그가 팔을 넓게 펼치며 선언하듯 말했다.

"니체는 『즐거운 지식』에서 그 유명한 말을 남겼지. '신은 죽었다!' 이 말은 그저 무신론 이야기가 아니야. 그건 기독교가 세워놓은 도덕·가치·진리, 곧 절대 기준 전체가 무너졌다는 선언이다. 하나님은 더 이상 중심이 아니라는 말이지. 선과 악의 기준은 무너졌고, 인간이 기준이 되고, 진리가 되고, 신이 되는 세상을 그리게 했어. 선악의 유일한 입법자요 심판자인 하나님을 철학으로 죽인 셈이지."

노리드의 목소리가 점점 커졌다.

"'선악을 알게 하는 나무의 열매는 먹지 말라 네가 먹는 날에는 반드시 죽으리라'(창세기 2:17)라고 했지만, 정작 사람들의 마음속에서 죽은 건 하나님과 '선악' 자체였지."

그는 거침없이 이어갔다.

"니체는 '선과 악'이라는 절대 도덕 기준을 무너뜨리고, 대신 '좋다, 나쁘다'만 남겨 놨어. 결국 각자의 느낌대로 판단하는 세상이라는 거야.

'좋은 것'은 그냥 그 사람에게만 좋은 것이고 절대 기준이나 영원한 진리 같은 건 없다. 선과 악이라는 개념 자체를 없애고 '각자의 진리'만 남게 만든 거야."

노리드가 코웃음을 치며 말했다.

"성경? 하! 이제는 그냥 수많은 진리 중 하나일 뿐이지. 니체가 원한 건 일반적인 도덕적 상대주의가 아니라 '모든 가치의 재평가'였어. 인간이 스스로 가치를 창조하는 '초인(超人, Übermensch)'이 되어 하나님의 자리를 대체하는 것. 그가 깔아놓은 이 철학이 오늘날 성경 해체의 토대를 만든 거지."

철학자 2: 마르크스-'ㄱㅈ'과 'ㄱㅎ'의 해체

노리드는 니체의 사진에서 마르크스의 사진으로 전환했다.

"니체가 하나님을 철학적으로 죽였다면 마르크스는 그 공백을 메우는 전략을 제시했지. 카를 마르크스(Karl Heinrich Marx, 1818~1883)는 보통의 경제학자가 아니라 혁명을 통해 세상을 바꾸려 한 '행동하는 철학자'였다."

그는 턱수염을 매만지는 시늉을 하며 말을 이었다.

"마르크스의 사상은 수많은 사람의 분노와 정의감을 사로잡는 무기가 되었어. 그는 인간의 갈망을 건드렸지. '왜 자유도, 평등도, 행복도 오지 않는가?' 그건 바로 '계급 때문이다'라고.

그의 책 『공산당 선언』의 첫 문장 기억하나?

'지금까지의 모든 사회의 역사는 계급투쟁의 역사다.'"

그는 눈을 가렸다가 떼며 비꼬듯 말했다.

"당시 사회는 겉보기엔 계급 없는 자유 사회처럼 보였지. 하지만 자본가(부르주아)와 노동자(프롤레타리아) 사이엔 여전히 구조적 착취와 억압이 존재한다는 분석이 있었고, 마르크스는 국가가 법·도덕·종교 같은 도구로 그 억압을 정당화한다고 봤어.

해결책은? 자본주의를 해체하고 계급 없는 공산주의 사회를 세우자는 거였지. 루소가 이상으로 삼았던 모든 인위적 제도로부터 벗어난 '자연 상태로의 회귀'에 계급투쟁을 접목시킨 거야. 얼마나 그럴싸해? 모든 억압에서 벗어나 자유를 누리자는 외침이니까. 이들은 계속 주입했지. '너는 억압받고 있어. 싸워야 해.' 정의감을 자극해 이데올로기를 퍼뜨리고 '정의로운 투사'라는 허울을 덧씌운 거지. 하하!

하지만 실제 혁명은 대부분 '권력의 이동'에 불과했지. 이론상 공산주의는 계급 없는 사회를 목표로 했지만, 현실에서 공산주의는 한 번도 실현된 적이 없어. 구소련과 중국 같은 나라들도 결국 사회주의 과도기라는 이름 아래 당과 국가에 권력이 집중된 새로운 지배 구조를 만들었지."

그는 눈을 가늘게 뜨며 목소리를 낮췄다.

"결국 민중은 자유를 얻은 게 아니라 공산당 특권층의 계급 아래 다시 갇히게 된 거야. 더구나 그 계급은 자본주의보다 훨씬 더 경직되어 있지. 자본주의 사회에서는 개인의 경제적 능력이나 노력에 따라 계층 이동이 가능한 편이지만 현실의 '공산국가'에서는 당과의 관계, 혈연, 정치적 충성도에 따라 계급이 정해져 있지. 바꾸기도 어렵고, 거기서 벗어나는 건 거의 불가능하지.

당원이 아닌 일반인은 실질적으로 사회적 신분 상승이 거의 불가능했고, 특권층은 일반 시민과 명확히 구분되는 생활을 누렸지. 외쳤던 '계급 해방'은 결국 특권층 유지의 구호였고, 민중은 또 다른 형태의 억압에 길들여졌어. 계급을 없앤다더니 정작 새로운 계급을 더 분명히, 더 노골적으로 만들어 낸 거지."

그의 얼굴에 조롱 섞인 미소가 떠올랐다.

"자유, 평등, 정의? 하하! 우리는 그런 말로 사람들을 유혹했고 완벽히 속였지. 결국 더 비참한 세상이 오는 거야."

그가 갑자기 질문을 던졌다.

"헤이, 제군들. 인류 최초의 계급이 뭐라고 생각하나?"

여기저기서 손을 들자 그는 고개를 저으며 웃었다.

"아니야. 손 들 것까진 없어. 최초의 계급은 바로 '부부'다."

천천히 엥겔스(Friedrich Engels)의 문장을 읊었다.

"'역사상 등장한 최초의 계급 적대는 일부일처제 결혼에서 남성과 여성 사이의 적대 발전과 일치하며, 최초의 계급 억압은 남성에 의한 여성의 억압과 일치한다.' 마르크스의 동지 엥겔스는 『가족, 사유재산, 국가의 기원』에서 『공산당 선언』을 계승하며 이렇게 정리했지. 하나님이 짝지어 주고 '한 몸'이라 한 부부를 계급으로 나누고 적대 관계로 규정한 거야."

그는 덧붙였다.

"결국 하나님이 설계한 창조 질서 전체를 뒤엎겠다는 선언이나 다름없었지. 그리고 그 선언은 곧 실행으로 옮겨졌어. 엥겔스와 마르크스와 후예들은 '가족의 폐지(abolition of the family)'를 주장하면서 전통적 가족 구조를 재편하려고 했어."

그의 미간이 찌푸려졌다.

"왜 하필 가정이었을까? 한번 생각해 봐. 이유는 명백해. 가정이야말로 다음 세대에게 신앙과 도덕, 성실과 책임을 전수하는 믿음의 요새이기 때문이야. 우리가 그렇게 두려워하는 '성경적 세계관'이 뿌리내리는 가장 견고한 자리지.

성경에서 결혼은 한 남자와 한 여자의 언약 관계이며, 부모는 자녀에게 말씀을 가르치고 삶의 본을 보이며 신앙을 전수하는 통로라고 말하지.

그런 가정을 우리도 차마 내버려 둘 순 없었지. 그래서 모든 가족 관계를 '권력 구조'라고 뒤바꿨어. 부부 관계는 억압이고, 부모와 자녀 관계는 강제된 복종이라고 말이야. 성경이 말하는 질서를 모조리 '차별'로 규정했어."

그는 입꼬리를 올리며 말했다.

"이들은 결혼과 가족, 신앙과 도덕의 기초를 뒤흔들었고, 결국 '기독교의 폐지'를 외쳤어. 마르크스와 엥겔스의 가족 폐지론은 단순한 주장이나 비판이 아니었지. 사회 전체를 바꾸려는 혁명을 넘어서 나타스 님의 나라의 복음이었어. 가정과 교회를 해체하려는 목적은 단 하나! 이 땅 위에 그분의 나라를 세우는 것이다."

마르크스주의의 부활: 알을 깨고 나오다

한 사원이 조심스럽게 물었다.

"마스터님, 그런데… 마르크스 사상은 결국 실패한 거 아닌가요? 베를린 장벽도 무너졌고, 동유럽의 공산국가들도 대부분 가난과 내부의 모순 속에 무너졌잖아요? 실패한 사상으로 검증된 것 아닌가요?"

노리드는 손짓으로 말을 끊으며 냉소를 머금었다.

"착각하지 마라. 마르크스는 실패하지 않았다. 그의 사상은 현실에서 잔인하게 실현됐지.

전체주의적 사회주의 체제 아래에서 가족은 서로를 고발했고, 체제는 개인 위에 군림했어. 수많은 사람이 죽었지. 왜냐하면 이런 국가에서는 체제에 대한 비판이나 저항을 모두 '반혁명'으로 간주해 가혹하게 탄압했고, 권력을 유지하기 위해 숙청과 강제노동, 공개 처형 같은 극단적인 폭력을 일상적으로 사용했거든. 그래서 무고한 사람들까지 희생될 수밖에 없었지. 학자들에 따르면 그 희생자는 수천만, 많게는 1억 명에 이른다고 해."

회의실은 숨소리 하나 없이 조용해졌다. 노리드는 사망자 수를 또박또박 열거했다.

"중국 4,000만에서 7,000만 명, 구소련 2,000만 명, 캄보디아 150만에서 300만 명, 북한 100만에서 300만 명, 동유럽 국가들은 100만 명 이상이지…"

그가 숨을 고르며 말을 뱉었다.

"마르크스는 실패한 게 아니다.

히틀러의 600만 유대인 학살은 기억되는데, 이쪽 피해는 잊히게 되었지. 그게 바로 우리가 성공이라고 하는 이유지.

마르크스 사상은 불씨가 되어 공산주의 체제에서 1억 명을 죽음으로 몰아넣었어. '넌 억압받고 있어. 싸워야 해.' 이 한마디가 전 세계를 피로 물들였지."

그의 음성이 서리처럼 차가워졌다.

"이런 체제의 밑바탕에는 인간을 정신이나 영혼이 아니라 오직 물질적 존재로만 보는 관점, 즉 유물론이 자리 잡고 있었지. '하나님은 없다. 인간은 영혼도, 영원도 없는 그냥 물질일 뿐이다.' 이렇게 생각하는 세상에선 누굴 죽여도 죄가 아니었어. 싸움은 정의였고 학살은 해방이었지."

그는 차가운 미소를 지으며 냉정하게 말을 이었다.

"해방시켜 준다고 했더니 정말인 줄 알더군. '계급 해방'은 체제 전복을 위한 선전 도구이자 공산 독재자 권력 강화를 위한 수단이지.

사람들은 공산주의가 실패했다고 생각하지? 아니야. 새가 알을 깨고 더 큰 세상으로 나오는 것처럼 마르크스의 사상은 껍질을 깨고 더 큰 세상으로 날아올랐어."

그의 얼굴에 화색이 돌았다.

"이제 그것은 단순한 정치경제학 이론이 아니라 언론, 문화, 예술, 정치, 철학을 포함한 사회 전반을 무너뜨리기 위한 해체의 이념으로 변모했지. 네오마르크스주의와 포스트모더니즘은 이제 사람들의 의식과 일상 구석구석까지 교묘히 스며들어 꽃을 피우고 있어."

그는 볼링 자세를 취하며 으쓱했다.

"스트라이크! 볼링에서 킹 핀 하나만 정확히 맞히면 나머지는 자동으로 나가떨어지지. 우리는 그 킹 핀을 부단히 찾고 있었다. 세상을 무너뜨릴 핵심 축을 말이야."

그리고 한 이름을 불렀다.
"빌헬름 라이히! 그가 바로 킹 핀을 찾아냈지."

철학자 3: 프로이트와 라이히 - 벌거벗은 성혁명

노리드는 테이블 위에 새로운 파일을 내려놓았다.
"사회를 해체하려면 가장 먼저 사회의 기본 단위인 '가족'을 무너뜨려야 한다. 그 방법을 라이히가 니체와 마르크스, 프로이트의 사상을 기막히게 응용해 어마어마한 솔루션을 도출했지. 그건 바로 '성혁명'이다. 성혁명(Sexual Revolution)은 성을 더 이상 결혼과 책임 안에 두지 않고 욕구대로 선택하게 만든 반란이지."
그가 미소를 띠며 소개했다.
"자랑스러운 빌헬름 라이히! 프로이트의 제자이자 정신분석가이며 공산주의자!"
노리드는 하던 말을 멈췄다.
"라이히를 설명하기 전에 먼저 그의 스승 프로이트를 소개해야지."
스크린에 프로이트의 사진을 띄웠다.
"지그문트 프로이트(Sigmund Freud, 1856~1939). 그는 종교를 인간이 만들어 낸 심리적 환상으로 해석했지. 신앙이 인간의 심리적 필요를 충족시키는 역할을 한다고 보았어.
프로이트는 심리분석학의 창시자로서 전통적인 이성 중심의 인간관에 도전했지. 그는 인간을 무의식과 성적 에너지(libido)에 크게 좌우

되는 존재로 새롭게 바라봤어. 특히 인간의 본질과 내면을 기존과는 전혀 다른 시각으로 해석했지."

노리드는 책상 위에 놓인 성경을 손가락으로 가리켰다.

"첫째, 인간관의 전복이야. 성경은 인간을 하나님의 형상대로 창조된 존귀한 존재로 보지. 하지만 프로이트는 인간을 억압된 본능과 무의식의 결과물로 해석했어. 이로 인해 사람들은 더 이상 자신을 '하나님의 걸작'으로 여기지 않고 '억눌린 욕망의 존재'로 인식하게 되었지. 절제와 윤리는 점점 억압이나 노이로제(neurosis, 신경증)의 원인으로 여겨지고, 본능(instinct)과 충동(drive)이 인간의 본질처럼 받아들여지기 시작한 거야.

둘째, 죄와 구원의 개념이 심리적 갈등으로 바뀌었어. 성경에서 죄는 하나님의 뜻을 거스르는 반역이자 하나님과의 관계 단절이야. 하지만 프로이트에게서 죄란 신 앞에서의 잘못이 아니라 무의식적 본능(id, 이드)과 도덕적 기준(super ego, 초자아) 사이에서 생기는 심리적 갈등, 즉 불안이나 죄책감 같은 감정일 뿐이지. 결국 성경은 죄를 회개해야 할 영적 문제로 보지만, 프로이트는 죄를 치료받아야 할 심리적 현상으로 본 거야. 예수의 십자가 대신 '상담실'이 구원의 장소가 된 거지."

노리드가 홀로그램 화면을 향해 걸어가자 프로이트가 쓴 책의 이미지들이 스쳐 지나갔다.

"셋째, 프로이트는 저서 『환상의 미래』에서 종교를 '집단적 환상'으로 해석했고, 『문명과 그 불만』에서는 신앙이 강박적 신경증과 유사한 구조를 가진다고 보았지. 그는 종교가 인간의 무력감과 결핍을 채우기 위해 만들어 낸 심리적 환상이라고 주장했어.

결국 하나님은 스스로 존재하는 자가 아니라 인간이 만들어 낸 신이 된 거야."

노리드는 이런 결과에 만족해 하며 엷은 웃음을 띤 채 말을 이었다.

"넷째, 성적 억압과 신경증의 연관성이야. 프로이트는 성적 억압이 신경증을 유발할 수 있다고 보았어. 그의 연구는 히스테리, 강박 신경증 등 다양한 정신적 장애가 억눌린 성적 본능에서 비롯된다고 주장했지.

이 해석은 후대에 의해 '억압에서의 해방'이라는 구호로 이어졌어. 성적 본능을 해방시키는 것이 심리적 건강을 회복하는 길이라는 주장이 널리 퍼졌지.

결국 프로이트의 이론은 인간을 성적 본능과 무의식의 지배를 받는 존재로 재정의했고, 그로 인해 전통적 도덕과 윤리의 기반은 무너지기 시작했지. 진리와 도덕의 기준은 흐려졌고 '하고 싶은 대로 하는 것'이 곧 자유라는 인식이 퍼져 나갔어.

그 결과, 성경의 가르침은 점점 설 자리를 잃어갔고, 하나님 없는 자유를 해방이라 착각하게 된 거야. 하하하!"

욕망의 실험실: 라이히의 파괴적 실험

노리드는 스크린에 빌헬름 라이히의 사진을 띄웠다.

"빌헬름 라이히(Wilhelm Reich, 1897~1957). 그는 스승 프로이트의 이론을 확장시켜 독자적인 길을 걸었어. 프로이트가 '성적 억압이 신경증의 원인'이라고 했을 때 라이히는 성적 억압과 사회적 구조 사이의 관계에 주목했지."

그는 회의실 안을 서성이며 목소리를 낮췄다.

"라이히의 진짜 위험한 점은 성을 쾌락의 대상으로 격하시키는 문제를 넘어서 자본주의와 권위주의 체제를 무너뜨릴 정치적 무기로 만든 데 있어. 그에게 성은 자본주의의 심장을 겨냥한 칼이었지. 그는 정신분석학과 마크르스주의를 결합해 성적 억압이 곧 권위주의의 뿌리라고 주장하며 '성 정치학'을 주창했어.『성격분석』과『성혁명』에서 그는 '성적 억압이 권위주의를 낳는다. 너희의 성을 억압하는 자가 너희의 자유를 억압하는 자다'라고 외쳤지. 라이히에게 성적 해방과 정치적 해방은 동전의 양면이었고 성 해방이야말로 사회 혁명의 시작이라고 선언했어."

노리드는 갑자기 걸음을 멈추고 사원들을 날카롭게 응시했다.

"『파시즘의 대중심리학』을 보면 라이히의 의도가 분명히 보이지. 그는 전통적 가정 구조, 특히 권위적인 부모 아래에서 자란 아이들이 파시즘과 같은 권위주의 체제에 익숙해진다고 주장했지. '가부장적 가족은 독재 권력의 축소판이다'라는 논리였어. 이건 일반적 심리학 이론이 아니야. 라이히는 가족이라는 기본 단위를 해체하면 자본주의와 파시즘 같은 권위적 사회 질서도 함께 무너질 수 있다고 믿었지. 결국 그의 주장은 '정치적 성 해방'이라는 이름 아래 전통적 가족과 도덕 질서를 무너뜨리는 사상적 흐름을 낳았어."

그는 손가락으로 허공을 가르며 비웃었다.

"라이히는 성인만이 아니라 어린이까지 성 해방의 대상으로 삼았어. 아동기의 성적 호기심과 표현은 자연스러운 것이며, 이를 억압하면 성인이 되어 신경증이 발생한다고 주장했지. 이러한 이론은 당시에도 매우 급진적이었으며, 후대 학자들에 의해 다양하게 해석되고 확장되었어."

노리드는 화면에 금속 상자 같은 기이한 사진을 띄웠다.

"라이히는 해방을 외쳤어. 억압에서 벗어나라고, 성적 에너지를 해방하라고 말이야. 그의 이론은 결국 '오르곤 에너지'라는 허상으로 치달았지. 그가 창안한 오르곤 에너지란 우주에 충만한 생명 에너지이자 성적 에너지를 뜻하지. 그는 '오르곤 축적기'라는 상자를 만들었어. 그리고 그 기계 안에 앉아 있으면 오르곤 에너지가 활성화되어 질병이 치유된다고 주장했지.

1945년 미국식품의약국은 이를 사이비 과학으로 규정하고 판매를 금지했지. 하지만 라이히는 끝까지 저항하다 법정 모독죄로 체포되어 1957년 감옥에서 생을 마감했어. 아이러니하게도 '해방'을 외친 그의 가정은 이미 해체되어 있었지. 아내와 자녀들은 그의 급진적인 성 해방 생활방식을 견디지 못하고 그를 떠났어. 결국 라이히 자신이 꿈꿨던 '가정 해체'의 첫 번째 실험 대상은 다름 아닌 그 자신이었지."

성혁명의 문화적 폭발: 라이히에서 마르쿠제, 68혁명까지

창문을 등지고 선 노리드의 실루엣이 어둠 속에서 날카롭게 빛났다.

"라이히가 감옥에서 죽은 후에도 그의 사상은 계속 퍼져나갔어. 헤르베르트 마르쿠제는 프로이트와 마르크스의 사상을 결합해 '정치적 해방'의 관점으로 발전시켰지. 『에로스와 문명』에서 그는 성적 욕망이 억압되고, 그 억압된 에너지가 노동으로 전환되어 자본주의를 지탱한다고 주장했어. 따라서 성적 욕망의 해방이 기존 사회 질서를 전복하는 혁명적 도구가 될 수 있다고 본 거야."

노리드는 스크린에 68혁명의 장면을 띄웠다.

"1968년 파리에서 울려 퍼진 '금지하는 것을 금지하라!' 이 구호는 모든 권위와 도덕, 전통 가치에 대한 전면적인 도전이었지. 젊은이들은 성적 방종을 혁명의 무기로 삼아 기존 질서를 뒤흔들었어."

노리드는 화면을 전환해 1969년 우드스톡 페스티벌(The Woodstock Music & Art Fair)의 광경을 보여주었다.

"이듬해 미국 뉴욕주에서 우드스톡 페스티벌이 열렸어. 30만 명이 넘는 젊은이들이 모였고, 성적 방종과 마약, 록 음악으로 상징되는 역사적인 사건이었지. 성 해방이 문화적 혁명의 아이콘이 된 순간이었어. 사람들은 '평화와 사랑, 자유, 반전'을 기억하지만, 중심에는 전통적 가치에 대한 도전이 있지. 우드스톡의 공식 슬로건으로 'An Aquarian Exposition(물병자리 축제)'을 내걸었어. 이는 점성술과 뉴에이지 운동에서 말하는 '물병자리 시대(Age of Aquarius)의 도래'를 의미하는데 전통적인 가치관과 질서에서 벗어나 새로운 문화적 변화를 만드는 시대로의 이행을 선언한 거지.

청년들은 자신들의 성적 욕구를 자유롭게 표현하는 것이 '혁명적 행위'라고 믿게 됐어. 마치 그 모습이 영국의 펑크록 밴드 '섹스 피스

톨즈(Sex Pistols)'의 노래 「아나키 인 더 유케이(Anarchy in the UK)」에 고스란히 담겨 있는 것 같았지."

그가 로커 흉내를 내며 노래 가사를 읊었다.

나는 적그리스도야
나는 무정부주의자
내가 뭘 원하는지는 몰라
하지만 어떻게 해야 하는지는 알지
지나가는 사람들을 패버리고 싶어
왜냐하면 난 무정부 상태를 바라니까

노리드는 마치 무대에 오른 록스타처럼 공중을 향해 주먹을 날렸다.

"미친 듯한 헤드뱅잉과 쇠 긁는 소리 같은 일렉기타 디스토션 이펙터의 굉음, 청중들의 널뛰는 모습은 장관이었어."

그는 다시 진지한 표정으로 돌아와 분석했다.

"그건 단순한 공연이 아니었어. 그곳은 음악이라는 이름 아래 전통적 가치관을 거부하고 새로운 질서를 외치는 광장과도 같았지. 성 해방의 이념은 자신들을 향한 전통적 시선에 대한 전면적 거부였지. 젊은이들은 '반전'과 '인권' 같은 구호를 내세워 성적 방종을 정당화했어. 이건 단순한 반항이 아니라 성경적 가치관 전체에 대한 도전이었어."

소수자 권리의 가면: 성혁명의 현대적 전환

노리드는 잠시 말을 멈췄다가 천천히 다시 입을 열었다.

"오늘날 성 정체성 논의는 겉으로는 '성적 자유'를 말하는 것처럼 보이지만, 그건 드러난 현상일 뿐이지. 실제 목적은 성의 개념 자체를 바꿔서 가정과 교회, 교육과 도덕 같은 전통적 권위에 균열을 내는 데 있어. 원래 성은 생명을 잉태하고 언약 공동체를 세우도록 설계된 창조 질서였어. 하지만 지금은 '억압받고 있다'는 외침 아래 성이 권위를 해체하고 질서를 거스르는 도구로 변질되고 말았지. 이건 단순한 문화 현상이 아니라 명확한 목적을 가진 흐름이자 오랫동안 준비된 사상적 전략이야. 라이히와 마르쿠제가 말한 '해방의 정치학'이 이제 또 다른 얼굴로 세상에 나타난 거다.

라이히는 성적 억압에서 벗어나는 게 단지 개인의 심리적·신체적 치유를 넘어 권위주의 사회구조와 자본주의 체제를 무너뜨리는 수단이라고 봤지. 즉 성 해방이 정치적 해방의 출발점이자 사회 혁명의 핵심 동력이라는 거야.

마르쿠제는 여기서 한 걸음 더 나아가 성 해방뿐 아니라 인간 본성 전체의 해방이 자본주의 억압을 극복하는 데 중요하다고 봤어. 그 해방은 예술이나 상상력 그리고 자유로운 소통 같은 더 넓은 영역까지 포함한다고 생각했지.

그리고 지금의 퀴어(queer) 이론과 젠더(gender) 이론은 '나는 성적으로 누구인가'라는 질문을 넘어서서 사회가 만든 성별과 성적 규범, 권력 구조 자체를 비판하고 해체하려는 흐름으로 발전했어. 쉽게 말해 성과 젠더 문제는 이제 사회 전체의 질서와 권력 구조를 해체하려는 움직임으로 이어지고 있는 거지."

노리드는 두 손을 펼쳤다.

"라이히와 마르쿠제가 뿌린 씨앗은 지금 거대한 나무로 자랐어. 이제 성은 하나님이 준 생명과 축복의 도구가 아니라 정체성과 권리를 주장하는 정치적 무기로 변했지."

노리드는 스크린에 헤르베르트 마르쿠제의 사진을 띄우며 입꼬리를 올렸다.

"헤르베르트 마르쿠제(Herbert Marcuse, 1898~1979)는 프랑크푸르트 학파의 전략가였지. 그는 『일차원적 인간』에서 기존의 노동계급(프롤레타리아)이 자본주의 체제에 익숙해지고 적응해서 더 이상 혁명적 주체가 되기 어렵다고 진단했어. 대신 그는 사회의 주변부에 있는 소수자, 소외된 집단, 비순응적 지식인 등이 새로운 저항과 변혁의 가능성을 가진다고 보았지. '억압받는 자들'이 세상을 바꿀 수 있다는 그의 이런 주장은 이후 성소수자(LGBTQ+) 운동이나 젠더 이론 같은 현대 해방운동의 이론적 뿌리가 되었어. 결국 이것은 혁명의 주체로서 전통적인 노동자 대신 소수자와 약자를 새로운 프롤레타리아로 세운 셈이지."

노리드는 몸을 앞으로 숙이며 더 날카롭게 말했다.

"그런데 그 '소수자 보호'라는 이름 아래 무슨 일이 벌어졌을까? 가족 제도와 성경적 가치, 사회구조가 뒤흔들렸어. 결국, 판도라의 상자를 연 셈이었지."

그는 사원들 앞으로 다가가 조용히 섰다.

"여러 국가에서 '남자와 여자'라는 생물학적 성별이 이제는 사회적 성별 '젠더(Gender)'라는 말로 대체되고 있어. 젠더는 수십 가지로 나뉘고 그중 하나를 '선택'하는 게 권리로 여겨지고 있지. 이런 흐름이 확산되면 하나님이 디자인한 가정과 교회 같은 공동체의 기반이 자연스럽게 무너질 수밖에 없어."

노리드는 손가락으로 공중에 작은 스크린을 그리며 말했다.

"오늘날 서구 학교들의 교과서를 봐! 어린 학생들에게 다양한 성을 선택할 수 있다고 가르치지. 심지어 어떤 국가들은 부모가 자녀의 성 정체성에 관여하지 못하도록 법으로 금지하고 있어. 미디어는 어떤가? 전통적 가정은 억압적이고 병든 구조처럼 묘사되고, 다양한 가족 형태는 더 건강한 대안처럼 미화되고 있지. 그게 바로 우리의 전략이 작동하는 방식이야."

노리드는 스크린에 이미지를 띄웠다.

"오늘날 나타스 님 나라의 목표는 분명하다. 성의 해체를 통해 성경의 권위를 해체시키는 것!"

그의 눈이 이글거리기 시작했다.

"하나님은 가정과 교회를 통해 성경 진리가 흘러가게 했지. 수직적으로는 자녀 세대에게, 수평적으로는 이웃과 열방 끝까지. 우리는 이러한 성경의 유통 채널을 끊어야 한다. 복음 전파를 차단하고, 그 대신 '성'을 유통시키는 거다. 선교가 아니라 욕망을!"

문화적 코드화와 현대사회의 해체 전략

노리드가 회의실 중앙에 섰다.

"제군들, 우리의 가장 교묘한 전략이 무엇인지 아는가?"

스크린에는 영화, TV 시리즈, 교육 프로그램, 소셜 미디어의 이미지들이 빠르게 지나갔다.

"인기 콘텐츠 플랫폼들을 분석해 보면 상당수가 성경적 가치와 기독교인을 조롱하거나 희화화하는 스토리를 담고 있다. 대학 강의실은 어떤가? 포스트모더니즘, 해체주의, 젠더 이론 같은 현대 사상들이 해석의 표준으로 자리 잡았다.

일부 국가의 초등학교 교과서는 '동성 가족 형태'가 제시되고 아이들은 성별을 스스로 '선택'할 수 있다고 배운다.

'진보적'이라는 이름의 이 모든 문화 코드는 니체, 마르크스, 프로이트의 세계관이 일상에 스며든 결과다. 사람들은 철학책을 읽지 않아도 인기 영상의 시리즈 한 편으로 포스트모던 세계관을 온몸으로 흡수해 버리게 된다."

Watch Out: 나타스가 주목하는 곳

노리드는 깊은 숨을 들이마시고 내뱉었다. 회의실은 숨조차 멎은 듯 고요했다.

"2천 년을 준비했다."

그의 목소리는 차갑고 또렷했다. 스크린에는 2천 년의 전략과 붉은 작전명이 흘러갔다.

1단계: 성경을 못 읽게 막아라.
2단계: 성경을 안 읽게 만들어라.
3단계: 성경을 해체하라.

노리드는 잠시 눈을 감았다가 다시 떴다.
"이제… 마지막 단계로 간다."
그는 한 음절씩 조심스럽게 내뱉었다.
"성경의 진리와 권위, 무오성, 신적 영감을 해체하라."
그 순간 천장에서 홀로그램 지구본이 내려왔다. 푸른빛 속에서 회전하던 지구의 한쪽 표면에 붉은색의 아주 작은 한 점이 깜빡이기 시작했다.
노리드는 그 좌표를 응시하며 의미심장한 한마디를 남겼다.
"나타스 님이… 주목하시는 곳."

4_부

마지막 타깃, 대한민국

"사랑이라는 이름으로 침묵하라."

포용을 외치는 시대,

진리만이 추방당했다.

어둠 속. 붉게 깜빡이던 좌표가 천천히 회의실 벽면을 피처럼 물들였다. 그 붉은 빛이 사원들의 얼굴을 차례로 비췄다.

"제군들."

그의 목소리가 강철같았다.

"지금까지 우리가 축적해 온 전략 자산을 이제 이 한 좌표에 투입한다. 말씀을 못 읽게, 안 읽게, 말 못하게 해체하는 KTB 프로젝트 퍼즐의 마지막 조각이 이제 자리를 찾는다."

사원들의 눈이 반짝이는 붉은 점 위에 고정되었다.

"우리의 마지막 타깃은…

대한민국이다."

순간 그의 눈동자에 섬광이 번졌다.

"이곳은 마지막 남은 방어선이다. 하나님이 친히 만든 신적 기관이자 두 기둥인 가정과 교회의 기반을 이 땅에서 해체할 수 있다면 우린 결국 승리하는 거다."

그는 천천히 시곗줄을 풀었다가 단단히 조여 맸다.

"이미 유럽과 미주는 점령했다. 성혁명, 젠더 이데올로기 그리고 그 정점에 놓인 「포괄적 차별금지법」과 「동성결혼법」까지. 이제 선교가 진행된 방향대로, 복음이 퍼졌던 그 길을 따라 대한민국을 집어삼킬 시간이다."

순간 홀로그램 지구가 사라졌다. 빛도 그림자도 없는 침묵 속 사원들의 결의만이 무겁게 진동했다. 노리드는 손을 들어 올렸다. 빛의 궤적이 허공에 그려졌고 지구의 영상이 다시 떠올랐다.

그가 낮게 물었다.

"왜 대한민국인가?"

노리드는 입꼬리를 살짝 올리며 대답을 흘려 넘겼다.

"그 질문에 답하기 전에 우리가 지금까지 써온 전략을 보여 주지."

역사를 잇는 거짓의 계보

그가 목소리를 높였다.

"사원들이여! 지금 우리의 방식을 이해하고 있는가?"

그는 조소를 머금고 한 걸음 앞으로 나섰다.

"새 전략? 그런 건 없다. 우리는 다만 옛것을 되살릴 뿐이다. 온고지신(溫故知新)이라 하지 않던가? 옛것에서 새것을 끌어내는 것, 그게 진짜 지혜다. 이미 검증된 전략이자 시간이 입증한 전술이다.

성경에도 이렇게 쓰여 있지 않은가! '해 아래에는 새 것이 없나니'(전도서 1:9)"

노리드가 쓴웃음을 지으며 말했다.

"하! 성경은 언제나 우리에게도 좋은 지침이 되지."

다시 손을 들자 어둠 속 허공에 영상들이 떠올랐다. 고대의 이단들, 그리고 현대 사상가들이 차례로 화면 위를 스쳐갔다.

"이 사람을 아는가?"

노리드가 화면에 나타난 수염이 길고 날카로운 눈빛의 인물을 가리키며 물었다.

"마르키온(Marcion of Sinope)입니다."

앞줄에 앉은 왓더헬이 주저 없이 대답했다.

"2세기 초대 교회의 이단자로 자신의 관점에 맞는 성경 구절만 모아 '마르키온 정경'을 만든 자입니다."

"맞아. 마르키온은 구약의 하나님을 '변덕스럽고 폭력적인 신'이라 매도했지. 그래서 구약성경을 버렸고, 신약에서도 구약 인용이 적은 누가복음 일부와 바울서신 중 몇 개만 남겼다."

그가 손을 움직이자 화면이 바뀌면서 현대 복장의 신학자 얼굴이 나타났다.

"2천 년이 지난 오늘날 존 셸비 스퐁(John Shelby Spong) 같은 자유주의 신학자들도 똑같은 일을 하고 있다. 그는 『기독교 변하지 않으면 죽는다』에서 여호수아의 가나안 정복 전쟁은 도덕적으로 용납할 수 없다고 했지. 구약의 하나님은 이스라엘 중심의 폭력적인 신이라 선언했다."

왓더헬이 놀란 표정으로 물었다.

"구약성경의 하나님을 부정하는 마르키온과 현대 신학자들의 주장이 정말… 그토록 유사합니까?"

"비슷한 정도가 아니지! 마치 2천 년 전 반성경적 사상이 오늘날 현대 신학자들의 주장 속에 다시 살아난 것 같지 않나? 정말 데칼코마니처럼 닮아 있어."

화면이 전환되며 거만한 표정의 고대 인물이 나타나자 노리드가 소개했다.

"2세기 영지주의자 발렌티누스(Valentinus), 이 자는 예수의 육체 부활을 부정했다. 예수는 실제로 고난당하지 않았으며, '환영(Docetism)'으로만 나타났다고 주장했지."

그의 말이 마치자 화면에는 새로운 현대적 복장의 학자가 나타났다.

"20세기 자유주의 신학자 루돌프 불트만(Rudolf Bultmann), 그는 『예수 그리스도와 신화』에서 '부활은 역사적 사건이 아니라 실존의 상징'이라고 주장했지. 이 말의 의미는 예수가 실제로 부활한 게 아니라 사람들이 절망 속에서 새로운 삶의 용기나 희망을 느끼는 상징적인 이야기라는 거다. 2천 년의 시간을 건너뛰어 영지주의와 자유주의 신학이 손을 맞잡은 셈이지."

사원들 사이에서 탄성이 흘러나왔다. 화면이 다시 전환되고 고대 그리스 철학자의 모습이 나타났다.

"데모크리토스(Democritus)는 기원전 5세기의 유물론자다. 이 자는 '만물은 원자로 이루어져 있으며, 신은 존재하지 않고 영혼과 사후 세계 또한 없다'고 선언했다."

화면의 인물은 현대 과학자의 얼굴로 바뀌었다.

"오늘날의 세계적 무신론자 리처드 도킨스(Richard Dawkins). 『이기적 유전자』에서 그는 '인간은 유전자의 생존 기계'에 불과하다고 했고, 『만들어진 신』에서는 '신과 영혼은 인간이 진화 과정에서 만들어 낸 환상'이라고 주장했지.

그리고 4세기 이단 아리우스(Arius)는 예수의 신성을 부정했고, 자유주의 신학자들은 예수의 기적과 부활을 신화라 치부했다. 5세기 이단 펠라기우스(Pelagius)는 원죄를 부정했고, 현대 인본주의자들은 인간이 태생적으로 선하다고 주장했지."

노리드가 조용히 숨을 들이켰다.

"옛날엔 파피루스, 지금은 저널 논문. 바뀐 건 종이 질감뿐. 거짓은 여전히 또박또박 새겨지고 있다."

홀로그램이 순식간에 사라지고 회의실은 어둠에 잠겼다. 노리드의 얼굴만이 어둠 속에서 이글거렸다. 그가 깊은 목소리로 말을 이었다.

"역사의 무대 위에서 배우와 소품만 바뀌었을 뿐, 각본은 결코 변하지 않았다.

창조를 신화로, 부활을 상징으로, 인간을 단순한 물질로 왜곡하는 우리의 전략은 늘 같았다. 다만 각 시대의 사상과 언어로 리메이크했을 뿐!"

한 사원이 손을 들었다.

"왜 사람들은 계속 속는 겁니까?"

"역사를 모르기 때문이지. 오늘날 교회 안에서 교회사를 가르치고 배우는 이들이 얼마나 되겠나? 2000년 전의 이단이 '새로운 신학'이라는 이름으로 재포장돼 나오는데… 그 뿌리를 누가 단번에 알아챌 수 있겠어? 하! 교인들은 속는 게 아니라 배운 적이 없는 거야."

"사원들이여!"

그가 다시 목소리를 높였다.

"우리는 이 전략으로 대한민국을 공략할 것이다. 고대부터 써먹던 방식에 새 옷만 갈아입힐 것이다. 이제 역사를 모르는 교인들은 우리 밥이다. 명심하라! 우리의 가장 강력한 무기는 이미 성공한 방식으로 다시 속이는 것이다."

사원들은 깊은 깨달음 속에 각자의 작전 코드를 조용히 최적화했다.

왜 대한민국인가?

회의실 한쪽. 어둠 속에서 움직임 하나가 감지됐다. CCTV 아래 조용히 지켜보고 있던 마더 파크였다. 의자 등받이에 기대앉은 채 손끝으로 책상을 툭 두드렸다.

"대한민국."

그는 단어 하나만 내뱉고 잠시 말을 끊었다. 시선은 곧장 노리드를 향하고 있었다.

"비슷한 조건을 가진 나라들은 여럿 있지. 그런데… 왜 특별히 한국인가? 다른 사원들의 협력을 위해서라도 납득할 만한 이유가 필요하네."

말끝에 뼈가 있었다. 단순한 질문이 아니었다. 마더 파크가 직접 입을 열었다는 것 자체가 이 질문이 단순한 보고가 아니라 자신을 시험하는 질문이라는 걸 노리드는 알고 있었다. 공기 중에 긴장감이 고였다. 노리드는 잠시 침묵했다가 천천히 입을 열었다.

"좋습니다. 말씀드리죠."

그의 목소리에는 오히려 여유가 배어 있었다.

"첫째, 한국은 지금 전 세계에서 기독교적으로도, 문화적으로도 가장 역동적인 땅입니다. 세계 선교 2위, 미국 다음입니다. 작은 땅에서 뿜어져 나오는 전방위 파급력, 우리는 그 열기를 식혀야 합니다.

둘째, 한국은 지금 K-컬처라는 이름으로 전 세계 문화의 허브 역할을 감당하고 있습니다. 한류는 제3세계는 물론 이슬람권과 공산국가까지 파고들었죠. 과거 미국 문화는 반서구 정서 앞에 막혔지만, K-컬처는 프리패스입니다. 이건 단순한 문화가 아닙니다. 우리에겐 통로입니다. 우리의 메시지를 심어놓고 전 세계로 보급하는 채널이죠.

셋째, 대한민국은 아직도 OECD 국가 중 도덕적 금지선이 가장 견고한 나라입니다. 매춘, 동성 결혼, 근친결혼, 포르노, 대마 등 다섯 가지를 동시에 강력히 막고 있는 거의 유일한 선진국이죠. 이 나라의 도덕 장벽이 무너지면 그 여파는 다른 나라에겐 명분이 됩니다. 한국도 허용하는데, 우리는 왜 안 하냐고? 이건 세계적인 흐름이라고."

노리드의 눈빛이 날카롭게 바뀌었다.

"그리고 마지막으로 우리가 반드시 한국을 뿌리째 흔들어야 할 결정적 이유!"

그는 단어 하나하나를 끊어 말했다.

"아직도… 성경을… 하나님의 말씀으로 믿는… 나라. 말 그대로 복음주의 마지막 방어선이 바로 여기입니다."

공기 중 긴장이 날이 선 듯 맴돌았다.

"자유주의 신학의 씨앗도, 고등비평의 칼날도 여기선 깊이 뿌리내리지 못했습니다. '성경은 무오하다'는 고백이 주요 교단의 「교회 헌법」에 살아 있고 20세기 복음주의 선교사들의 유산도 여전히 뿌리 깊게 남아 있죠. 이 말은 우리가 아직 치명적인 타격을 주지 못한 마지막 진지라는 뜻입니다."

그는 사원들을 둘러보며 단호히 말했다.

"복음의 마지막 보루 대한민국이 무너지면 전 세계는 우리 손아귀에 들어옵니다."

자유주의 신학을 통한 KTB-대한민국 초토화 전략 3가지

한국에 관심이 많은 귀신 사원들의 눈이 번뜩였다. 노리드는 회의실을 둘러보며 누군가를 찾는 듯했다. 이내 그가 한쪽 구석에 앉아 있는 사원을 가리켰다.

"한국 담당 '커트,' 자네의 손에서 대한민국 교회를 초토화시키는 계획은 어떻게 진행되고 있나?"

회의실 한쪽에서 커트가 천천히 일어났다. 그의 얼굴에는 냉혹한 결의가 서려 있었다. 대한민국을 초토화시킬 지옥의 시나리오, 그 첫 줄이 커트의 입에서 시작되려 하고 있었다.

1장 「포괄적 차별금지법」 - 양들의 침묵

커트는 자리에서 일어나 두 손을 바닥에 짚은 채 노리드에게 한국식 큰절을 올렸다. 각 잡힌 검은 정장을 입은 그의 모습에는 차가운 계산과 교활한 야심이 서려 있었다. 한국팀을 이끄는 그의 실적은 타의 추종을 불허하는 악랄함으로 정평이 나 있었다.

"기회를 주셔서 감사합니다. 대한민국을 초토화하기 위한 이 작전에 전 세계 각지에서 오신 여러분을 모시게 돼 영광입니다. 거두절미하고 보고드리겠습니다.

첫 번째 주요 과업은 「포괄적 차별금지법」입니다."

그는 정면을 응시하며 말을 이었다.

"우리는 포스트모더니즘과 결합한 '문화마르크스주의(Cultural Marxism)'를 핵심 전략 이념으로 활용하고 있습니다. 마르크스와 프로이트의 이론을 융합한 빌헬름 라이히, 그의 정신을 계승한 프랑크푸르트학파, 그리고 프랑스 68혁명으로 이어지는 '젠더 이데올로기'를 문화·미디어·사회 전반에 녹여 「포괄적 차별금지법」 입법에 총력을 기울이고 있습니다."

스크린에는 영국 교육부(DfE)의 '2022-23' 자료가 떠올랐다. 영국의 한 초등학교 예비학년(Reception)에 다니는 만 네 살배기 유아가 엄마의 손을 꼭 잡고 울고 있었다. 아이는 학교에서 '트랜스젠더 혐오자'라는 명목으로 정학 처분을 받은 참이었다.

"이 아이의 울음, 곧 대한민국의 울음이 될 것입니다."

커트가 조심스럽게 고개를 숙였다.

"감히 부탁드립니다만…, 영국의 차별금지법이라 할 수 있는「평등법(Equality Act 2010)」을 먼저 통과시키신 마스터 노리드 님의 실전 전략을 이 자리에서 들을 수 있다면 저희 팀에도 큰 통찰이 될 것입니다."

노리드는 커트의 요청에 천천히 고개를 끄덕이며 회의실 중앙으로 걸어나갔다.

지상 왕국 세우기: 교육 전략

"우리는 나타스 님의 나라가 임하시도록 하기 위해 각 가정이 부모를 통한 신앙 교육의 현장이 되는 것을 반드시 차단해야 한다. 곧 쉐마(Shema, ׁשְמַע), 신명기 6장의 말씀 교육 명령과 예수의 지상명령에 따른 제자 훈련 말이다. 이를 위한 가장 효과적인 도구는 '성'이다.

왜곡된 성적 욕망은 영혼의 청력을 둔하게 만든다. 교육과 미디어에서 성적 욕구를 끊임없이 자극하면 아이들의 생각은 점점 더 혼란스러워진다. 부모가 절제를 가르치려 해도 아이들은 고개를 돌리고 비웃을 것이다. 결국 동성애를 반대하는 부모는 '사랑하라'는 예수의 명령에 어긋나는 위선자로 몰리게 되지. 이런 분위기 속에서 사회는 점점 동성애 반대를 '혐오'로 규정하기 시작한다. 부모의 신앙적 양육도 사랑이 아니라 강압으로 보이게 되지. 성의 개념을 바꾸고 양심의 기준을 흐리는 이 흐름, 이것이 곧 성혁명의 본질이다."

노리드는 잠시 말을 멈추더니 어린이 교육의 중요성을 강조하듯 눈에 힘을 주었다.

"결국 다음 세대를 바꾸려면 교육부터 장악해야 해. 유치원부터 학교까지 전통적 성 가치관을 해체하고 다양한 성 정체성과 성적 자유를 주입하는 거지. 이미 여러 나라에서 이런 교육이 현실이 되고 있어. 예를 들어 스웨덴과 프랑스 같은 나라들은 어린아이들에게 성평등과 성 소수자 인식 교육을 의무화했지. 아이들은 아직 옷매무새도 가다듬지 못하는 나이인데 벌써 이런 개념들을 주입받고 있어."

그는 잠시 멈추고 목소리를 낮추며 비유를 들었다.

"이 전략의 무서운 점을 알겠나? 마치 미국 담배 회사들이 어린이들을 평생 장기 고객으로 만들기 위해 영화 속 흡연 장면과 반항적 록스타 이미지를 이용했듯이 우리도 아이들 마음에 성혁명의 씨앗을 심어 평생 영향력을 확보하는 거야. 어린 시절 받은 교육은 평생 가는 법이니까."

노리드는 냉랭한 미소를 지으며 다음 단계를 설명했다.

"교육을 통해 의식을 바꾸고 나면 그다음은 법적 제도화다. 교육받은 세대가 성인이 되어 사회 주류가 되면 자연스럽게 법과 제도도 우리 뜻대로 움직이게 된다. 그리고 그 법들이 다시 교육 현장을 바꾸는 선순환 구조가 만들어지는 거지."

은폐 전략: 포괄의 이름에 숨겨라

그는 손가락 하나를 입술에 갖다 대며 핵심을 짚었다.

"바로 이 지점에서 「차별금지법」이 등장한다.

「차별금지법」의 교묘한 점은 겉보기에는 모두가 찬성할 만한 가치지. 인간의 존엄, 약자 보호, 소외된 이들에 대한 연민… 누가 그런 걸 반대하겠나?"

그의 눈이 서늘하게 빛났다.

"하지만 진짜 묘수는 여기 있어. '모든 사람을 존중해야 한다'는 말 자체는 맞지. 그런데 그걸 슬쩍 '그 사람의 모든 행위까지 존중해야 한다'로 바꿔치기하는 거야. 사람은 사랑하되 죄는 버리라는 성경 원칙을 아예 차별 행위로 만들어 버리는 거지.

왜 이게 효과적인지 알겠나? 결국 '사람을 사랑하라'는 명령이 '모든 행위를 승인하라'는 의미로 바뀌는 거지. 죄를 죄라 부르지 못하게 만들고 죄를 관용하는 것이 사랑인 양 포장되지. 진짜 사랑, 곧 죄를 경계하는 목소리는 침묵을 강요당하고, 반대로 죄를 수용하라는 압박이 사회 전체에 퍼지게 되는 거다. 이런 흐름이 가능하려면 먼저 사회의 분위기를 바꿔야 해. 법만 바꾼다고 끝이 아니지. 교육과 미디어를 장악해 사람들의 생각과 감정을 바꿔야만 입법 과정에서 반발 없이 원하는 법을 통과시킬 수 있어."

노리드는 입가에 엷은 미소를 지었다.

"이탈리아의 마르크스주의자 안토니오 그람시(Antonio Gramsci, 1891~1937)가 말했지.

'정치, 법, 문화, 종교 같은 사회의 상부구조에서 헤게모니, 즉 지적·도덕적 주도권을 먼저 쥐어야 한다. 그래야 사회를 실질적으로 움직일 수 있다.' 여기서 '헤게모니'란 단순한 힘이나 억압이 아니라 대다수가 자연스럽게 받아들이는 상식과 기준을 누가 장악하느냐의 문제다. 이 기준이 바뀌면 결국 사람들의 의식과 행동 그리고 사회의 방향도 따라 바뀌게 되지.

그람시는 이런 변화를 만들 때 강압보다는 '넛지(nudge)'처럼 은근한 방식이 더 효과적이라고 봤어. '넛지'는 2008년 행동경제학자들이 제시한 개념으로, 사람들에게 직접 명령하지 않고 환경이나 정보 구조를 조정해 스스로 옳다고 여기게 만드는 전략이야.

예를 들어 영국이나 서구 사회에서는 '학생 인권 조례'처럼 무해하게 보이는 이름 아래 '성적 지향' 조항을 슬며시 포함시키는 방식이지. '성적 지향'이란 이성애, 동성애, 양성애 등 누구를 좋아하든 그 경향 자체를 '권리'로 인정하는 것이다.

이렇게 사회의 기준이 바뀌면 사람들은 서서히 새로운 가치를 자연스럽게 받아들이게 된다. 그게 바로 사회 전체를 바꾸는 가장 은밀하고 효과적인 방식이지."

지상 왕국 세우기: 미디어 전략

노리드는 사원을 한 번 천천히 훑으며 말을 이었다.

"그리고 미디어 전략이야말로 오늘날 문화 전쟁의 최전선이지. 요즘 인기 드라마를 보면 알 수 있어. 성소수자 캐릭터가 더는 낯선 존재가 아니라 주연이나 비중 있는 조연으로 자연스럽게 등장하지. 이들은 사랑이 많고 주변 사람을 행복하게 만드는 따뜻한 인물로 그려져. 동시에 사회적 편견과 차별에 시달리는 피해자로 묘사되지. 반면에 그들을 반대하는 인물들은 괴롭히는 악역이거나 편협하고 냉소적인 모습으로 묘사돼 시청자들의 분노와 거부감을 유발하지. 여기서 그 반대자들을 기독교인으로 설정하면 효과가 극대화되지. 이런 스토리텔링이 반복되면 사람들은 동성애자에게 연민과 동질감을 느끼고 반대하는 집단에는 점점 비판적인 시선을 갖게 돼.

실제 연구 결과도 이를 뒷받침하지. 동성애자를 긍정적으로 묘사한 미디어 콘텐츠를 자주 접한 사람일수록 동성애에 대한 거부감이 낮아지고 실제 생활에서도 더 쉽게 받아들이는 경향이 나타난다는 거야.

이 현상은 '문화 계발 이론(cultivation theory)'으로 설명할 수 있어. 사람들은 미디어를 통해 반복적으로 접하는 이미지와 이야기를 현실의 기준으로 받아들이게 되거든.

결국 미디어는 단순한 오락을 넘어 사회적 인식과 문화를 바꾸는 강력한 도구지. 이게 바로 헤게모니를 장악하는 또 다른 방식이야. 사람들의 마음속 '상식'과 '기준'을 바꿔 법과 제도, 사회 여론의 방향을 자연스럽게 바꿀 수 있으니까."

노리드가 목소리를 낮추었다.

"이렇게 교육과 문화의 흐름을 바꿔 사회 분위기를 무르익게 만든 뒤 마침내 국회에서 「포괄적 차별금지법」을 통과시키는 거야. 법안 하나 발의하고 공동발의자 몇 명만 붙이면 돼. 재적 의원 과반수 출석에 출석 의원 과반수 찬성이면 통과되니 한국은 국회의원 151명만 확보하면 끝이지."

그는 입꼬리를 비틀며 조용히 웃었다.

"「포괄적 차별금지법」? 성별, 장애, 종교, 나이, 출신국, 성적 지향, 성 정체성 등 이렇게 나열해 놓고 차별을 막겠다고 주장하지. 하지만 우리가 이 법에 집착하는 진짜 이유는 따로 있어. 동성애와 성전환을 사회 전반에 확산시키고 성경적으로 비판하는 목소리를 틀어막기 위해서야."

그의 눈이 서늘하게 빛났다.

"대한민국에는 이미 「남녀고용평등법」 「장애인차별금지법」 「고용상 연령차별금지법」 「기간제 및 단시간 근로자 보호법」 등 수십 가지 개별 「차별금지법」이 존재해. 하지만 새로운 법을 만들어 '포괄적'이라는 이름의 트로이 목마 안에 성적 지향과 성 정체성을 넣어 통과시키려는 거지. 우리가 진짜 바라는 건 차별 해소가 아니야. 차별의 대상을 바꿔서 반동성애자나 성경적 비판자들을 사회적으로 고립시키는 거지.

자유, 평등, 사랑, 화합 등 이 모든 천부인권의 가치를 우리가 만든 개념으로 대체할 거야. 인간의 존엄성이라는 말도 결국은 인간의 모든 악을 정당화하는 명분으로 둔갑하게 되겠지."

그 말을 듣던 왓더헬이 조심스럽게 물었다.

"그럼… 성경 말씀을 인용해서 '죄'라고 말하는 것도 법에 걸릴 수 있다는 말씀이군요? 설교 하나로 교회가 법정에 서는 날이… 진짜 오게 된다는 거죠?"

노리드는 짧게 웃으며 답했다.

"그래. 교회는 이제 피고석에 서게 될 거야. 우리의 모든 시나리오가 이제 현실이 되는 거지."

음부의 권세가 이기려는 1순위: 교회

노리드는 주변을 살피며 목소리를 낮췄다. 그의 말에는 수천 년의 경험이 담긴 냉기가 스며 있었다.

"왜 교회인가? 왜 공격은 늘 교회로부터 시작되는가? 역사 속에서 교회를 가장 위험한 적으로 여긴 자들이 있었지. 그중에서도 가장 극단적인 부류가 바로 전체주의자들이야. '전체주의'란 국가나 특정 집단이 사회의 모든 영역을 통제하려는 사상이야. 개인의 생각, 신념, 행동까지도 국가가 정한 기준에 맞추려고 하지. 대표적으로 20세기 소련, 나치 독일, 중국, 북한 같은 나라들이 전체주의 체제의 예야.

성경에도 이런 전체주의적 국가들이 반복해서 등장하지. 이집트는 하나님의 백성들을 집단 노예화하고 신생아 학살 명령까지 내렸어(출애굽기 1~14장). 바벨론 제국은 신상 숭배를 강요하고 신앙을 억압했지(다니엘서 3장, 6장). 로마제국 역시 황제 숭배와 기독교 박해, 국가에 대한 절대 충성을 요구했어(요한계시록 13장).

이런 체제에서는 오직 국가와 지도자에게 무조건적인 충성을 바치도록 강제된다. 성경은 이런 나라들을 비판적으로 묘사하면서 신앙과 자유를 억압하는 국가 권력에 맞서는 신앙인의 모습을 강조하고 있지."

그의 눈이 사나워졌다.

"전체주의자들이 교회를 가장 두려워하는 이유? 의외로 뚜렷하지.

첫째, 권위의 충돌이야. 전체주의는 국가나 지도자가 절대 권위여야만 작동한다. 모든 국민이 지도자에게 절대복종해야 하는데 기독교는 '오직 하나님만이 최고 권위다'라고 가르치지. 국가든 지도자든 그 누구의 반성경적인 명령에도 복종할 수 없다고 말이야."

노리드의 눈이 붉게 번뜩였다.

"둘째, 개인의 양심과 자유다. 성경은 모든 인간이 하나님의 형상이라 가르친다. 존엄하고 자유로운 존재라는 의미지. 반면 전체주의는 인간을 국가의 부품으로 여긴다. 국가가 통제하려 들 때 교회는 저항할 수밖에 없다. 하나님의 자녀라는 믿음은 국가의 노예가 되는 걸 결코 허락하지 않으니까."

그는 천천히 회의실을 거닐며 말을 이었다.

"셋째, 교회는 공동체적 저항 거점이 된다. 전체주의는 사람을 고립시켜야 지배하기가 쉽다. 하지만 교회는 신자들을 서로 돌아보고 섬기면서 하나 되기를 힘쓴다. 그 결과, 교회는 전체주의 권력에 맞서는 저항 네트워크가 되어 버리지."

노리드는 잠시 걸음을 멈추고 입꼬리를 천천히 비틀며 웃었다. 사원들의 숨죽인 시선이 그를 향해 얼어붙었다.

"그래서 구소련, 중국, 북한 등 모두 교회부터 짓밟았던 거야. 이유는 단순하지. '하나님이 최고다' '모든 인간은 평등하다' '권력보다 하나님께 순종해야 한다' 이런 가르침을 내버려 두는 한 사람들을 완전히 굴복시킬 수 없으니까."

노리드의 눈빛이 살기로 번뜩였다.

"우리도 다르지 않다."

그는 한 음절씩 끊어 말하듯 또박또박 선언했다.

"교회부터 짓밟아야 한다. 교회가 무너지면 사회의 양심은 무뎌지고 자유는 무늬만 남는다."

그는 음산하게 웃으며 목소리를 낮췄다.

"재미있는 건 정작 교인들 스스로는 자신들이 어떤 가치를 지키고 있는지 잘 모른다는 거야. 그들은 단순히 교회나 예배만 지키는 게 아니라 성경적 가치관, 절제와 책임, 생명에 대한 존중, 가정의 질서 같은 것들이 이 사회 전체의 최소한의 도덕과 양심을 지탱해 주고 있다는 사실을 말이야."

노리드는 이를 악물며 낮게 말했다.

"아직 이 사회가 완전히 썩지 않은 이유? 그나마 교회가 버티고 있기 때문이지. 그러니 '차별 금지'라는 재갈을 물려 성경의 목소리를 틀어막아야 해. 성경이 죄라고 말하는 것을 '혐오'로 몰아가면 교회는 위축되어 더 이상 사회의 양심 구실을 할 수 없게 된다. 그리고 그 방어선이 무너지는 순간…. 인간들은 우리 발밑에 기어다니게 될 거야. 하하하!"

노리드는 잔인하게 웃으며 회의실 한편을 가리켰다.

"우리가 얼마나 깊이 침투했는지 실제 현장 보고를 들어 보도록 하지. 글로벌 교회 해체 전략을 총괄하는 오스본!"

시대의 참상: 「차별금지법」이 통과된 나라의 현실

어둠 속에서 천천히 일어선 오스본은 매끄럽게 안경을 치켜올리며 앞으로 나섰다. 그의 안경 너머 음흉한 눈빛은 이미 스크린 위의 기사로 향하고 있었다. 화면에는 영국 「텔레그래프(The Telegraph)」의 헤드라인이 떠올랐다.

"앞서 언급된 사건부터 자세히 보고드리겠습니다. 2023년 영국에서 겨우 네 살배기 유아가 '트랜스젠더 혐오자'라는 명분으로 정학 처분을 받았습니다."

오스본은 영국 교육부 공식 자료를 보여주었다.

"자료를 보면 아이들이 다른 아이들의 성적 지향이나 성 정체성을 존중하지 않았다는 이유로 무려 100여 명이나 징계를 받았죠. 그중에는 3~4살 유아도 포함되어 있었습니다. 아직 알파벳도 제대로 쓰지 못하는 나이의 아이들이 '혐오범'으로 낙인찍힌 겁니다."

오스본은 「해리포터」 시리즈의 작가 J. K. 롤링의 비판을 인용했다.

"J. K. 롤링은 이 사건을 '전체주의적 광기'라고 비판했고, '어린아이들이 단지 생물학적 성별을 인식했다는 이유만으로 처벌받아야 한다고 생각한다면 당신은 위험한 광신도'라고 일갈했습니다."

그는 보다 충격적인 통계를 제시했다.

"더 놀라운 것은 영국 국가보건의료서비스(NHS)에 따르면 성 정체성으로 고민하는 아동이 2009년에서 2018년 사이 4,000퍼센트 이상 폭증했다는 점입니다. 특히 소녀들 사이에서 급격히 늘어났고, 그 원인으로 '친구의 영향'이 주요 요인 중 하나로 지목됐습니다. 사회적 전염 현상이 실제로 나타나고 있는 겁니다."

그는 또 다른 끔찍한 사례를 소개했다.

"미국 콜로라도주 덴버 근교 제퍼슨 카운티 학군(Jefferson County School District)의 한 초등학교에서 일어난 사건입니다. 11살의 여학생이 수학여행 중 생물학적으로 남성인 트랜스젠더 여학생과 같은 방을 쓰도록 강요받았죠. 학교 측은 부모에게 미리 알리지도 않았고 소녀의 거부권도 인정하지 않았습니다."

오스본은 실제 진술서를 화면에 띄웠다.

"여학생의 부모가 항의했지만, 학교는 '포용과 다양성'을 이유로 거부했습니다. 그 결과, 여학생은 심각한 수면 장애와 불안 증세를 겪었고 심리 치료를 받고 있습니다. 이 사건 이후 여학생은 학교를 옮길 수밖에 없었고 가족 전체가 트라우마를 겪고 있습니다."

그는 다음 자료를 띄웠다.

"핀란드는 이제 한 걸음 더 나아가 해마다 성별을 바꿀 수 있게 했습니다. 매년 1회 어떤 의학적 진단이나 검사 없이 단순 선언만으로 법적 성별을 변경할 수 있죠. 다시 말해 올해는 남성, 내년엔 여성, 그 다음 해엔 다시 남성으로 계속해서 바꿀 수 있게 된 겁니다."

오스본은 이어서 2024년 영국 NHS 병원의 사건을 설명했다.

"간호사들이 수십 년간 사용해 온 여성 전용 탈의실에 성전환 수술도 받지 않은 생물학적 남성인 트랜스젠더 간호사가 들어오게 되었습니다."

그에 대한 소송 자료를 화면에 띄웠다.

"여성 간호사들은 이 트랜스젠더 간호사가 여성들이 옷을 갈아입을 때 '비정상적인 관심'을 보였다고 증언했습니다. 한 간호사의 진술입니다. '속옷만 입고 있을 때 안전하지 않다고 느껴요. 이 사람은 사물함 옆에만 있지 않거든요. 속옷 차림으로 탈의실을 돌아다니면서 우리를 쳐다봐요.'"

오스본은 이어서 다른 간호사의 증언을 읽어 내려갔다.

"'사물함 열쇠를 찾으려고 가방을 뒤지고 있는데 뒤에서 남자 목소리가 들렸어요. 아직 옷 안 입었어?'라고 물었고 사물함을 열어도 계속 같은 질문을 했어요. 저는 외상 후 스트레스 장애(PTSD)가 있어서 그 자리에 얼어붙었어요. 손에 땀이 나고 메스꺼움이 밀려왔어요. 공포로 과호흡까지 일어났죠.' 결국 이 간호사는 병원을 떠날 수밖에 없었습니다."

오스본은 충격적인 후속 조치를 설명했다.

"놀랍게도 병원의 인사 담당자는 여성 간호사들에게 '더 포용적이어야 한다'며 '사고방식을 넓히고 다양성 교육에 참여하라'고 지시했습니다. 결국 여성 간호사들의 안전과 사생활 보호보다 트랜스젠더의 권리가 우선시된 셈입니다."

이어서 2024년 파리올림픽의 복싱 경기 장면을 띄웠다.

"잘 알려진 사건입니다. 여성으로 출전한 생물학적 남성인 알제리 선수가 이탈리아 여성 선수를 상대로 승리를 거뒀습니다. 경기 직후 이탈리아 선수는 얼굴이 심하게 부어오르고 코뼈가 부러진 채 '이런 고통은 처음'이라며 오열했습니다. 그녀는 어릴 적부터 준비해 온 꿈의 무대에서 심각한 부상을 입고 선수 생명이 끝날 위기에 처했습니다."

오스본은 마지막으로 충격적인 가족의 사례를 소개했다.

"2023년 미국 몬태나주에서 14세 딸의 성전환을 반대한 부모가 양육권을 박탈당하는 일이 있었습니다. 이 부모는 단지 딸에게 남성호르몬 치료와 성전환 수술을 허락하지 않았다는 이유만으로 국가에 의해 자녀와 강제로 분리되었습니다."

그는 화면에 법원 기록 일부를 띄웠다.

"기록에 따르면 경찰은 영장도 없이 아이를 가정에서 데려갔습니다. 딸은 약 한 달간 와이오밍주의 보호시설에 머물다가 몬태나로 돌아왔지만, 부모의 품이 아닌 정부 보호소로 인계되었습니다. 가정은 산산조각이 났고 부모와 딸은 이제 서로 다른 세상에 갇히게 된 셈입니다. 자녀를 지키려고 한 그 사랑이 오히려 죄가 되어 버린 겁니다."

이 모든 사례가 묘사되는 동안 회의실에는 음산한 만족감이 짙게 퍼졌다. 오스본의 상세한 보고에 사원들이 고개를 끄덕이며 손뼉을 쳤다. 노리드도 만족스러운 미소를 지으며 천천히 박수를 쳤다.

"한국에서도 이런 법이 통과된다면… 나타스 님의 기쁨이 충만하리라."

노리드는 비열하게 웃으며 덧붙였다.

"한국은 뭐든지 빨라서 좋아. 아직 「포괄적 차별금지법」이 통과되지 않았지만, 2014년 「인권보도준칙」 개정과 2023년 한국인터넷자율정책기구를 통해 언론은 HIV와 AIDS 질환이 동성 간 성행위와 연관된 사실을 다루는 보도를 피하는 분위기가 형성돼 있어. 이로 인해 보건 안전과 통계가 충분히 다뤄지지 않는다는 지적도 나오고 있어."

그는 2018년 「대한내과학회지(Korean J Intern Med)」에 게재된 연구를 인용했다.

"한국의 18~19세 청소년 HIV 감염자 중 92.9퍼센트가 동성 또는 양성 간 성 접촉에 의해 감염됐어. 하지만 이런 데이터는 좀처럼 대중에게 쉽게 전달되지 않지."

오스본이 거들었다.

"BBC도 2019년에 단일한 '게이 유전자는 없다'라고 발표했습니다. 하지만 한국 언론에서는 이와 관련된 보도가 많지 않았습니다."

노리드는 법의 위력을 설명했다.

"「포괄적 차별금지법」의 무서운 점은 말한 사람의 의도와 상관없이 듣는 사람의 감정에 따라 처벌 여부가 결정된다는 거야. 의학적 사실에 대한 단순 설명조차 누군가가 '모욕감'을 느꼈다고 주장하면 법적 분쟁으로 번질 수 있지. 혐오 표현이라는 말은 주관적인 개념이고 시대와 상황에 따라 정의가 달라져. 그런데 그걸 법적 책임과 연결하면 그 자체가 통제 도구가 되는 거야. 고발자는 국가의 법률 지원을 받고 피고는 스스로 무죄를 입증해야 하지. 「차별금지법」은 말 한마디로 누군가를 파멸시킬 수 있는 법적 무기야."

노리드는 목소리를 낮추며 결론지었다.

"헌법이 보장하는 종교와 표현의 자유마저 이 법 앞에선 무력해지지. 성경 말씀을 전했을 뿐인데 처벌받는 시대가 도래하게 될 것이다."

"결국 차별을 막겠다는 법이 신앙 표현을 막는 무기가 된다는 말씀이군요?"

노리드가 흐뭇하게 웃으며 고개를 끄덕였다.

"정확해. 이 법은 교인들이 스스로 입을 다물게 만든다. 단순히 표현을 억누르는 게 아니라 자기검열을 일상화시키는 법이지. 성경 말씀도 그대로 전하지 못하고 설교 한 마디조차 눈치 보는 시대가 오는 거지. 「포괄적 차별금지법」이 통과되면 양심의 자유는 서서히 질식되고 성경의 진리는 '시대착오적 혐오'라는 낙인 아래 봉인될 것이다. 이건 단순한 입법이 아니야. 기독교 세계관의 근간을 흔드는 아주 기막힌 전략적 공격이지."

노리드는 말을 마치고 고개를 돌렸다.

"커트, 계속하지."

커트는 자리에서 일어나 고개를 숙였다.

"직접 설명해 주셔서 더할 나위 없는 영광입니다."

글로벌 미디어 전략과 기독교 혐오의 확산

커트는 자세를 고쳐 정면을 바라보았다.

"앞서 마스터께서 설명하신 「포괄적 차별금지법」의 전략을 한국의 실행 현장에서는 어떻게 적용하고 있는지 미디어 분야를 중심으로 보고드리겠습니다."

커트는 손짓으로 화면을 넘기며 말을 이었다.

"사원 여러분, 왜 우리가 한국에 집중하는지 의문을 가질 수 있습니다. 하지만 데이터를 보면 답이 분명해집니다."

그는 스크린에 그래프를 띄웠다.

"2020년부터 2023년까지 전 세계 20개 주요 국가에서 K-컬처에 대한 온라인 언급량은 K-팝 3,600만 건, K-푸드 1,400만 건, K-뷰티 1,000만 건, 그리고 K-콘텐츠, 즉 드라마와 영화가 900만 건을 넘었습니다. 프랑스에서는 K-팝 언급량이 1년 만에 3배로 뛰었고, 필리핀과 인도네시아에서는 한국 드라마와 OTT 콘텐츠가 두 배 이상 늘었습니다."

커트는 회의실을 둘러보며 목소리를 낮췄다.

"이런 문화적 파급력은 단순한 유행이 아닙니다. 실제로 해외 청소년과 청년들은 K-콘텐츠를 통해 한국을 동경하고, 한국이 보여주는 가치관과 라이프 스타일을 자연스럽게 받아들이고 있습니다. 2022년 한 조사에서는 K-콘텐츠를 경험한 해외 이용자의 60퍼센트 이상이 '한국에 대한 인식이 긍정적으로 바뀌었다'고 답했죠."

그는 의미심장하게 덧붙였다.

"이게 바로 우리가 원하는 '헤게모니'의 변화입니다. 미디어와 콘텐츠가 법보다 먼저 사람들의 상식과 기준을 바꿉니다. 한국 드라마, K-팝, 웹툰은 이제 선교사보다 먼저 전 세계 청소년의 마음을 사로잡고 기독교적 가치관 대신 다양성과 포용, 새로운 성 역할과 가족상을 주입하고 있습니다."

커트는 강조했다.

"그래서 한국이 전략적 요충지입니다. K-컬처의 영향력이 커질수록 우리가 설계한 메시지와 가치관이 아시아, 중동, 아프리카까지 파고들 수 있습니다. 법과 제도 이전에 이미 문화가 사람들의 마음을 바꿔놓고 있는 겁니다."

회의실에는 다시 한번 냉랭한 만족감이 감돌았다.

「차별금지법」의 영적 심층

커트의 보고가 일단락되었지만, 마더 파크는 움직이지 않았다. 천천히 다리를 꼬며 입을 열었다.

"좋다. 실행 전략은 탄탄해 보인다. 하지만 이 법의 본질에 대해 영적 차원에서의 분석이 빠져 있군."

그는 회의실 어두운 구석을 바라보았다.

"안티로고스, 네 통찰을 보여 주게."

어둠 속에서 안티로고스(Master Anti-logos)가 일어섰다. 마른 체구와 금테 안경. 그러나 그의 존재감은 회의실 전체를 눌렀다.

"제군들! 이 전략은 훌륭하다. 다만 우리는 이 「포괄적 차별금지법」이 가진 영적 심층을 놓쳐선 안 된다.

첫째, 이 법은 창조 질서에 대한 도전이다. 하나님은 세상을 구별되게 창조했다. 빛과 어둠, 남자와 여자. 그런데 이 법은 그 구별 자체를 지우려는 시도다.

둘째, 죄의 개념을 바꾼다. 동성애가 죄라는 사실을 믿는 것까진 허용한다. 그러나 그것을 '말할 자유'는 빼앗는다. 결국 죄가 무엇인지 정의할 권한은 하나님이 아니라 사회가 갖게 된다.

셋째, 복음 선포 자체가 가로막힌다. '예수만이 구원자'라는 고백은 더 이상 진리가 아니라 혐오로 취급될 것이다. 결국 복음의 문이 법으로 봉쇄되는 날이 오는 것이다."

회의실에 정적이 흘렀다. 노리드는 입을 다물었지만, 눈빛은 거친 기운을 내뿜고 있었다.

안티로고스는 잠시 침묵했다가 천천히 말을 이었다.

"하지만… 우리에게는 한 가지 불안 요소가 있다. 이 영적 무감각에서 교인들이 점점 분별력을 되찾고 있다는 점이다."

그의 눈길이 회의실 벽면에 떠 있는 대형 스크린으로 향했다.

"2024년 10월 27일 그날을 기억하나? 대한민국 수도 서울 한복판에서 '건강한 가정, 거룩한 나라-악법 저지'를 위한 '1027 한국교회 200만 연합예배'가 열렸지. 수많은 성도가 전국 각지에서 모였고, 그들의 기도는 나라를 흔들었다. 경찰청 기록에 따르면 이는 대한민국 역사상 가장 광범위한 집회 중 하나였다. 현장 예배 참여자가 무려 110만 명, 당일 온라인 예배 시청 140만 건, 총 250만에 육박하는 규모였다.

또한 조직위원회는 성도들의 헌금으로 조성된 기금을 바탕으로, 사회복지공동모금회(사랑의열매)와 협력해 2024~2025년 동안 최종 200억 원 기부를 추진했지. '200만 명이 1만 원씩' 참여하는 것을 상징하며, 자립 준비 청년·미혼모·중독 치료 등 사회적 약자 지원에 이 기금이 사용된다고 밝혔지. 이것은 단순한 후원을 넘어 사회적 책임과 지속 가능한 자립·치유 플랫폼 마련을 목표로 한 실천이었다."

그는 현장의 분위기에 대해 치를 떨며 전했다.

"아기들과 부모, 어린이와 청소년, 청년과 장년, 노년에 이르기까지 수많은 성도가 성경을 들고 거리로 나섰다. 그들의 찬송과 기도는 하늘을 찌를 듯 울려 퍼졌고, 「Way Maker」를 부르며 길을 만드시는 하나님을 높였다. 집회는 질서정연했고 침묵과 눈물마저도 우리에게는 가장 위협적인 함성처럼 느껴졌다. 이것은 단순한 예배가 아니었다. 영적 반격의 서막이었다."

그 말이 끝나자 회의실은 잠시 침묵에 잠겼다.

그리고 그 침묵을 가르듯 마더 파크가 천천히 일어섰다.

"잘 들었나? 전략은 그대로 진행한다. 다만 안티로고스가 지적한 영적 의도는 철저히 숨기도록. 인간들이 이것을 단순한 인권 법안으로만 여기게 해야 한다."

마더 파크의 목소리가 낮게 가라앉았다.

"교회가 깨어나기 전에 끝내라. 반드시."

노리드가 고개를 숙였다.

"명령대로 하겠습니다. 인간들은 아직 영적 실체를 보지 못하고 있습니다. 깨달았을 땐… 이미 늦었을 겁니다."

그의 말이 어둠 속으로 스며들었고, 다음 전략의 문이 조용히 열리고 있었다.

2장 유신진화론 - 트로이 목마

마더 파크의 손짓에 커트는 '대한민국 초토화 전략' 두 번째를 설명하기 시작했다. 손을 휘젓자 회의실 중앙에서 반투명한 구체 '휴먼 뷰어(Human Viewer)'가 떠올랐다. 휴먼 뷰어는 인간 세계를 실시간으로 감시하고 분석하는 장치다. 뷰어 안에는 지구와 인간 세계의 풍경이 펼쳐지고 있었다. 사원들은 뷰어를 자세히 보기 위해 몸을 기울였다.

"이제 두 번째 전략인 '유신진화론-트로이 목마' 작전을 소개하겠습니다. 「차별금지법」이 기독교 외부에서 압박하는 방식이라면 이번 전략은 내부에서 무너뜨리는 방식입니다."

뷰어 속 이미지가 변하면서 한국의 특정 신학 교육기관과 종교 시설이 정교한 3D 지도로 표시되었다. 각 지점에서는 붉은 점들이 맥박처럼 뛰고 있었다.

"이 붉은 점들은 작전이 이미 진행 중인 신호입니다."

왓더헬이 눈을 크게 뜨고 뷰어를 주시했다. 그의 날카로운 눈빛이 맥박 치는 붉은 점들을 분석하고 있었다. 마스터 진급 심사를 앞둔 그는 이런 전략회의의 기회를 놓칠 리 없었다.

"흥미롭군요. 커트. 트로이 목마라…"

커트는 의기양양하게 뷰어 앞에 섰다.

"적극적인 관심 감사드립니다. 유신진화론-트로이 목마 전략의 핵심은 성경의 권위와 무오성을 기독교 내부에서부터 침식시키는 데 있습니다. 신앙과 과학 사이에서 타협을 고민하는 교인들의 불안을 파고들고 있습니다."

그의 손짓에 뷰어 속 이미지가 확대되었다.

"유신진화론은 익숙한 성경의 언어로 위장했기에 대부분은 경계 없이 받아들입니다. 마치 트로이 목마 속에 숨어 성문을 통과한 그리스 병사들처럼 말이죠."

뷰어 화면이 바뀌었다. 한 신학교 강의실에 젊은 교수가 차가운 표정으로 강의하고 있었다.

"창세기는 문자 그대로의 역사적 기록이 아닙니다. 고대 이스라엘의 신학적 메시지를 담은 문학적 상징이죠. 우리는 과학 시대에 걸맞은 해석학적 렌즈로 접근해야 합니다."

커트의 입꼬리가 올라갔다.

"보십시오. 우리의 목마는 이미 성벽 안에 들어와 있습니다."

창조론의 돌연변이: 유신진화론

커트는 휴먼 뷰어를 다시 조정했다.

"유신진화론(Theistic Evolution)은 하나님의 창조를 인정하면서도 진화론을 수용하는 신학입니다. 유신진화론자들은 하나님이 '자연선택'과 '돌연변이'라는 진화 메커니즘을 통해 생명을 창조했다고 주장합니다."

뷰어 속 화면이 전환되자 또 다른 강의실 풍경이 나타났다. 단상에 선 인물은 단호한 목소리로 외쳤다.

"하나님은 138억 년 전 빅뱅을 통해 우주를 창조하셨습니다. 그리고 38억 년에 걸친 진화 과정을 설계하셔서 생명체들이 발전하도록 하셨죠. 칠레의 아타카마(Atacama) 우주 망원경으로 관측된 빅뱅이 남긴 잔광, 즉 CMB(Cosmic Microwave Background) 복사는 우주의 시작을 알려주는 흔적입니다. 하나님께서 펼쳐 오신 위대한 창조와 진화의 여정을 찬양합니다."

커트가 웃으면서 설명을 이어갔다.

"하나님이 빅뱅과 진화를 창조의 수단으로 삼았다는 전제 아래 유신진화론자들은 '아담'에 대해 다음 세 가지 주요 견해를 제시합니다."

그가 검지손가락을 들었다.

"첫째, 아담은 실존 인물이 아니라 '상징적 인물'이라는 주장입니다. 창세기는 역사라기보다 신학적 메시지를 담은 '문학적 은유'라는 것이죠.

둘째, 아담이 실존했다 하더라도 '진화한 인류 무리 가운데 하나님이 선택한 대표자'였을 뿐이라는 주장입니다. 즉 아담 이전에도 수많은 호모 사피엔스가 존재했다는 전제죠."

뷰어가 전환되며 한 기독교 방송국 스튜디오가 나타났다. 진행자가 환한 얼굴로 말했다.

"오늘은 여러분의 성원으로 「아담의 조상을 찾아서」 100회 특집을 맞이하게 되었습니다. 인류는 어디에서 왔는가? 유전학과 화석 증거를 통해 살펴봅니다."

커트가 웃으며 말을 이었다.

"셋째, 가장 상상력 있는 주장입니다. 진화한 호모 사피엔스 중 어떤 개체가 특정 시점에 '자기 인식'에 도달했다는 거죠. 그가 스스로 하나님을 인식하는 순간 하나님이 그에게 '영혼을 불어넣으셨다'는 겁니다. 이것이 곧 '하나님이 흙으로 사람을 지으시고 코에 생기를 불어넣으셨다'는 성경 구절의 의미라고 주장합니다."

모래 위에 세운 집: 진화론 믿음의 허상

왓더헬이 손을 높이 들었다.

"질문 있습니다. 얼핏 들어도 유신진화론이 성경과 맞지 않는 부분이 많은데, 그렇다면 유신진화론의 뿌리가 되는 진화론 자체는 얼마나 견고한가요?"

커트는 잠시 당황한 기색을 보였지만, 곧 냉정을 되찾고 설명을 이어갔다.

"날카로운 질문입니다. 진화론은 오랫동안 학계에서 영향력 있는 이론으로 자리 잡았지만, 사실 가장 큰 약점도 있습니다. 그것은 '대진화(大進化)'에 대한 직접적인 증거가 부족하다는 점입니다. 소진화(小進化), 즉 한 종 안에서의 변이는 관찰이 되지만 한 종에서 완전히 다른 종으로 변화하는 과정은 검증된 바 없습니다. 실제로 찰스 다윈(Charles Darwin)도 자신의 『종의 기원』에서 그 한계를 분명히 인정했죠."

그는 다윈의 책을 읽으며 말했다.

"『종의 기원』 9장 '지질학적 기록의 불완전함에 관하여'에서 이렇게 썼습니다. '만일 나의 이론이 정확하다면 무수히 많은 중간 화석이 발견되어야 한다.' 또 6장 '이론의 난점'에서는 '눈(eye)과 같은 복잡한 기관이 자연선택으로 형성되었다는 것을 상상하는 것은 거의 불가능하다.' 그리고 더 결정적인 한마디, '생명의 기원은 나의 이론으로 설명되지 않는다'라고 밝혔습니다. 진화론의 아버지라 불리는 그조차도 생명의 시작은 설명할 수 없다고 솔직히 말한 것이죠."

그는 구체적인 사례로 이어갔다.

"다윈의 진술 이후 100여 년 뒤인 1980년 10월 세계적 진화생물학자 160명이 미국 시카고 자연사 박물관(현재 Field Museum of Natural History)에 모였습니다. 주제는 '소진화가 누적되어 대진화가 될 수 있는가'였죠. 4일간 이어진 논의의 결론은 회의적이었습니다."

커트는 그 학술회의의 세 가지 핵심 결론을 정리했다.

"첫째, 소진화는 관찰되지만, 대진화는 검증된 바 없다. 둘째, 중간 화석의 부족은 여전히 치명적인 문제다. 셋째, 진화는 새로운 유전 정보의 기원을 설명하지 못한다.

이렇듯 유신진화론은 불완전한 진화론 위에 세워진 주장입니다."

그때 노리드가 흥미롭다는 듯 고개를 끄덕이며 말을 받았다.

"그래. 교인들 대부분은 진화론이 사실이 아니라는 걸 알고 있어. 그런데 '성경은 과학 책이 아니잖아?'라는 말 앞에선 쉽게 말문이 막히고 움츠러들곤 하지. 우리는 성공했어. '과학적이지 않다'는 말이 '사실이 아니다'처럼 느껴지게 만들었거든. 반대로 과학 책도 성경 책은 아니지. 하하! 과학은 창조 세계를 관찰하고 설명하는 도구일 뿐이야. 성경은 그 세계를 지으신 하나님의 진리를 계시하지. 진짜 기준은 성경이야. 과학은 그 아래에서 해석되어야 해.

그런데 사람들은 우리가 만든 프레임 안에 스스로 걸어 들어가선 마치 성경이 역사적 사실이 아닌 것처럼 느끼고는 괜히 주눅들지.

하지만 더 놀라운 건 정작 진화론자들조차 유신진화론을 인정하지 않는다는 점이야. 세계적 진화론자 리처드 도킨스는 한 방송 인터뷰에서 말했지. '유신진화론자들은 착각하고 있다.' '성경과 진화론은 공존할 수 없다.' '복음주의 창조론이 오히려 더 논리적이다.' 이렇게 세계적인 진화론자가 유신진화론의 허점을 정통으로 찔렀어."

그는 입꼬리를 비틀며 속삭였다.

"아이러니하지. 유신진화론이 진화론의 손을 잡았는데 오히려 진화론자가 유신진화론과 선을 그어 버렸으니."

다윗의 자손 vs 다윈의 자손: 누구를 섬길 것인가?

왓더헬이 골똘히 생각하며 말했다.

"그나저나 유신진화론의 가장 큰 모순은 결국 창조에 대한 예수의 시각과 충돌한다는 점 아닌가요? 예수는 창조론자잖아요? 아, 아니죠. 그는 창조주죠."

커트의 표정이 순간 굳어졌다. 그의 눈에 불꽃이 일었다.

"창조주가 창조를 말했다는 사실, 그건 우리 쪽에선 가장 불편한 진실이죠.

예수는 창조를 역사적 사실로 인용했죠. '사람을 지으신 이가 남자와 여자로 지으시고…'(마태복음 19:4-6) 창조의 중보자인 예수의 진술 하나만으로도 유신진화론의 기초는 무너지죠."

뷰어에 로마서 5장 12절에서 19절이 나타났다.

"'한 사람으로 말미암아 죄가 세상에 들어오고 … 한 사람이 순종하심으로 많은 사람이 의인이 되리라.' 아담과 그리스도는 하나님이 정하신 인류의 대표로 서로 연결됩니다. 그런데 아담이 상징이라면 그리스도도 상징으로 전락해 버리죠. 그러면 십자가와 부활까지 상징이 되어 결국 복음 자체가 무너집니다. 이것이 유신진화론과 성경의 가장 치명적인 충돌입니다."

뷰어가 다시 변하고 고린도전서 15장 21절과 22절이 떠올랐다.

"고린도전서에서도 아담의 창조와 타락 사건을 역사적 사실로 선명히 선포합니다. '사망이 한 사람으로 말미암았으니 죽은 자의 부활도 한 사람으로 말미암는도다 아담 안에서 모든 사람이 죽은 것같이 그리스도 안에서 모든 사람이 삶을 얻으리라'

부활한 예수가 사실인 것처럼 아담의 존재와 사건도 진실이죠."

커트가 사원들을 바라보며 덧붙였다.

"요한복음은 예수로부터 만물이 창조되었음을 찬양합니다. 예수는 창조의 영광을 하나님에게 돌렸고 단 한 번도 자연이 스스로 이룬 일이라 말하지 않았습니다. 그는 하나님의 창조의 영광을 결코 자연에게 빼앗기지 않았죠."

그때 노리드가 분노 섞인 목소리로 끼어들었다.

"예수는 창세기의 창조 기사를 문자 그대로 인정했지. 모세오경과 구약 전체를 인정했고 창조 말씀들도 인용했어. 다윗의 자손 예수를 따르는 베드로, 요한, 바울 역시 마찬가지지. 로마서, 고린도전서, 골로새서, 히브리서 등 신약까지 성경 전체가 하나님을 창조주이자 구속주로 찬양하지. 자연이 창조를 완성했다는 주장은 성경과 전혀 다른 목소리지.

유신진화론은 성경과 양립할 수 있다고 속삭이지만, 창조와 충돌할 뿐만 아니라 예수의 십자가 죽음과 부활과도 격돌하지. 그래서 유신진화론 논쟁은 결국 이 질문으로 귀결되지. '다윗의 자손 대 다윈의 자손, 누구를 따를 것인가?' '예수의 말을 믿을 것인가, 다윈의 말을 믿을 것인가?'"

이 결론의 교묘함에 사원들이 놀라움을 금치 못했다. 단순한 과학 논쟁이 아니라 천국과 지옥으로 갈라지는 중차대한 문제였다.

교회 침투 전략: 내부로 스며들다

커트는 뷰어를 조정해 신학교, 교회, 출판사, 방송사를 송출했다.
"이제 확산 전략을 설명드리겠습니다."
그는 한 지점을 가리켰다.
"먼저 신학교입니다. 일부 신학교는 자유주의 신학의 흐름을 적극 수용하고 있죠. 창조 기사를 문자 그대로(natural and obvious meaning) 읽기보다는 상징이나 신화로 해석하는 경향이 점차 전통처럼 자리 잡고 있습니다. 신학생들은 처음엔 조심스러워하지만, '고등비평'과 '역사 비평'에 익숙해지면서 성경을 더 이상 하나님의 살아 있는 말씀이 아니라 하나의 고대 종교 문서로 보기 시작하죠."

뷰어가 줌인되자 한 신학교 도서관이 나타났다. 학생들이 『신화와 성경 해석』을 보고 있었다.

"이러한 책들은 신학생에게 정통 교리가 비과학적이고 폐쇄적이라는 인상을 자연스럽게 심어줍니다."

뷰어가 전환되자 청년부 모임에서 한 리더가 열정적으로 외쳤다.

"우린 세상과 소통해야 합니다. 진화론을 두려워하지 마세요. 신앙은 질문을 허용해야 합니다."

청년 리더의 말이 끝나자 커트가 손짓했다. 방송국의 화면이 떠오르며 커트는 설명을 이어갔다.

"출판과 방송은 대중화의 핵심 통로입니다. 유튜브와 SNS, 특히 숏폼 영상은 젊은 세대에게 매우 효과적인 접근 경로죠. 여러 기독교 콘텐츠들이 진보적 신앙이라는 이름으로 유신진화론을 적극 소개합니다. 겉으로는 질문을 환영하는 열린 신앙처럼 보이지만, 실제로는 정통 교리를 흔들기 위한 질문들만 골라서 다룹니다."

그는 뷰어 속 잔디밭에 삼삼오오 앉아 스마트폰을 들여다보는 청년들을 가리켰다.

"대학 캠퍼스와 청년 집회는 우리가 가장 주목하는 접점입니다. 청년기란 학문적 호기심이 많고 또래와 미디어에 쉽게 영향을 받으며, 무엇보다 부모 세대의 신앙에서 벗어나 스스로 믿음을 재정립하려는 시기이기 때문이죠."

왓더헬이 진지한 표정으로 물었다.

"그들을 설득하는 비결이 뭡니까?"

"답을 강요하지 않습니다. 대신 질문할 자유를 주죠. 그러나 모든 질문은 진화론적 관점에서 해석된 결론에 이르도록 설계돼 있습니다. 우리는 압도적인 양의 자료를 미리 깔아 두고 검색 알고리즘과 콘텐츠의 의도된 정보를 통해 자연스럽게 우리가 정해 놓은 결론으로 향하도록 길을 짜놨습니다."

그는 스마트폰을 든 청년을 다시 가리켰다.

"그들은 자기가 스스로 깊이 고민해서 판단했다고 믿습니다. 하지만 질문도, 자료도, 해석의 틀도 이미 우리가 설계한 구조 안에 있습니다. 그게 바로 우리가 만든 정교한 함정입니다."

커트는 잠시 말을 멈췄다. 그 전략은 단순한 과학 논쟁을 넘어 더 근본적인 목표와 맞닿아 있었다.

구원의 기준이 무너질 때: 자유주의 신학의 본질

왓더헬이 잠시 생각하더니 다른 각도에서 질문을 던졌다.

"그런데 커트, 자유주의 신학자들도 자신들의 유신진화론이 성경의 구원관과 충돌하며, 또한 신학적 근거가 취약하다는 걸 모를 리 없을 텐데… 그런데도 왜 그런 입장을 고수하는 겁니까?"

"그들도 그 사실을 잘 알고 있죠. 하지만 그들은 성경이 무엇을 말하는가보다 오늘날 사람들이 무엇을 받아들일 수 있느냐를 더 중요하게 여깁니다."

왓더헬이 눈썹을 치켜올렸다.

"그렇다면 결국 구원에 대한 확실한 근거도 없이 구원을 논하고 있다는 말인가요?"

커트가 고개를 끄덕이며 말했다.

"맞습니다. 자유주의 신학은 '어떻게 구원받을 수 있는가'에 대한 기준을 세우려 하지 않습니다. 오히려 '모든 인간이 구원받을 수 있다'는 포용적 태도를 하나의 미덕처럼 여깁니다."

왓더헬은 조용히 숨을 내쉬며 말했다.

"결국 그들에게 구원이란 예수 그리스도의 대속적 죽음이나 부활 같은 객관적 역사가 아니라 도덕적 선행과 사랑 그리고 각자의 주관적 체험에 달려 있다는 말이군요."

커트가 힘주어 말했다.

"그렇습니다. 자유주의 신학의 구원관은 하나님의 계시인 성경에 뿌리내린 진리가 아닙니다. 그들은 신앙을 시대 분위기와 개인의 감정 및 해석에 따라 얼마든지 바뀔 수 있는 '유동적 신념'으로 여기죠. 그리고 자신들의 성경적 근거가 약하다는 사실조차 문제 삼지 않습니다. 오히려 '확신'은 독선이라 부르고 '절대 진리'는 편협하다고 말합니다. 그들에게 신앙이란 본래 상대적인 것이어야 하니까요."

"십자가를 손에 들고 있으나… 실제로는 못을 박는 자들이군요."

잠시 침묵이 흘렀다. 그리고 왓더헬이 다시 물었다.

"자유주의 신학자들은 예수 외에도 하나님에게 이를 수 있는 길이 있다고 보는 겁니까?"

커트는 망설임 없이 답했다.

"네. 그들은 '예수만이 유일한 구원의 길'이라는 성경의 교리를 절대적인 진리로 고수하지 않습니다. 오히려 다른 종교의 선한 삶과 진실성을 통해서도 하나님에게 나아갈 수 있다고 보죠. 즉 구원의 길은 하나로 제한되지 않는다고 주장합니다."

왓더헬이 흥미로운 눈빛으로 되물었다.

"그럼 요한복음 14장 6절 '내가 곧 길이요 진리요 생명이니 나로 말미암지 않고는 아버지께로 올 자가 없느니라'는 이 말씀은 어떻게 해석합니까?"

커트가 설명을 이었다.

"자유주의 신학자들은 이 구절도 문자적으로 보지 않습니다. '예수의 삶과 가르침이 하나님에 이르는 대표적 길을 보여 준다'는 상징적 의미로 해석하죠. 즉 예수가 구원의 유일한 길이라는 믿음 대신 예수가 보여준 삶의 태도인 사랑, 정의, 평화를 따라 살면 누구든지 하나님에게 이를 수 있다고 주장하는 겁니다."

왓더헬이 다시 물었다.

"결국 예수를 믿지 않아도, 혹은 예수를 전혀 모르는 사람도 구원받을 수 있다고 보는 거군요."

커트는 조용히 고개를 끄덕였다.

"맞습니다. 그들은 종교 다원주의적 시각을 받아들입니다. 불교, 이슬람교, 힌두교 등 다른 종교를 믿는 사람들도 그 신념 안에서 성실하고 도덕적으로 살아간다면 하나님께 이를 수 있다고 보는 거죠. 예수의 대속과 부활은 '모든 인류에게 꼭 필요한 진리'가 아니라 그저 '기독교인에게만 해당되는 이야기'로 축소시켜 버립니다."

왓더헬이 천천히 숨을 내쉬며 확인차 물었다.

"그렇다면 다시 묻겠습니다. 그들은 구원의 확실성이나 흔들리지 않는 기준을… 도대체 어디에 두는 겁니까?"

커트는 지체 없이 답했다.

"자기 자신입니다. 거듭 말하지만, 자유주의 신학은 구원의 기준을 하나님의 계시, 곧 성경의 진리에 두지 않습니다. 대신 인간의 이성과 경험, 도덕 감각, 그리고 '하나님의 사랑은 넓다'는 주관적 감정에 영원한 운명을 겁니다. 결국 그들이 말하는 구원은 하나님의 약속에 뿌리내린 확신이 아니라 시대와 문화, 개인의 해석에 따라 언제든 바뀔 수 있는 상대적인 신념에 불과합니다."

Crisis is Christless: 진리 없는 신앙의 말로

왓더헬이 생각에 잠겼다.

"그렇다면 이렇게 묻고 싶군요. 교인들이 매주 예배를 드리고 말씀대로 살겠다고 결단하며 하나님께 헌금과 헌신을 드리는 이 모든 행위는 과연 무슨 의미가 있는 겁니까? 더 열심히, 더 바르게 살아가려는 그 모든 신앙의 노력도 결국 자기 확신을 위한 심리적 선택이거나 불안을 달래기 위한 상대적 신념에 불과하다면 말입니다."

커트는 입꼬리를 아주 조금 올렸다.

"바로 그 혼란과 회의에 도달하게 만드는 것. 그게 우리가 설계한 붕괴의 입구입니다. 신앙은 그 지점에서 기초부터 흔들리기 시작하고 교회는 내부로부터 조용히 무너지기 시작하죠."

그는 뷰어를 넘기며 말을 이었다.

"자유주의 신학이 먼저 휩쓴 유럽의 여러 나라들, 한때 '기독교 국가'로 불리던 그 땅에서 주일예배 출석률은 이제 1~3퍼센트에 불과합니다. 복음은 더 이상 그들에게 '필요한 진리'가 아닙니다. 십자가는 상징이 되었고 부활은 은유로 전락했으며, 신앙은 하나의 '선한 라이프 스타일'로 가볍게 소비되고 있죠."

커트는 고개를 들고 조용히 선언했다.

"확신 없는 신앙, 경외 없는 은혜, 대속 없는 복음, 그건 더 이상 교회가 아니죠. 우리는 그것을… 진리 없는 예배의 종말이라 부릅니다."

잠시 침묵이 흘렀다.

커트가 화면을 넘기자 뷰어에 한 문장이 떠올랐다.

참 신(神)인가, 자신(自神)인가?
하나님을 따를 것인가, 아니면 스스로 신이 될 것인가?

왓더헬이 낮은 목소리로 물었다.

"그들은 왜 이 허망한 믿음에서 돌아서지 않죠?"

커트가 조용히 입을 열었다.

"이유는 세 가지입니다.

첫째, 성경보다 인간의 이성을 더 신뢰하기 때문입니다. 성경은 절대 진리가 아니라 시대에 따라 해석 가능한 '인간의 저작물'일 뿐이라 여깁니다.

둘째, 복음을 말하지만, 복음을 믿지 않기 때문입니다. 그들은 예수의 이름을 사용하지만, 예수의 권위는 받아들이지 않습니다.

셋째, 학문적 인정을 받고 싶기 때문입니다. 세상의 칭찬이 하나님의 인정보다 더 중요해진 것이죠."

그는 뷰어를 넘기며 말했다.

"20세기 초 정통 신학을 대표했던 학자 그레셤 메이첸(John Gresham Machen) 교수가 『기독교와 자유주의』에서 이렇게 지적했죠. '자유주의는 기독교의 또 다른 분파가 아니다. 그것은 완전히 다른 종교다.'"

그 순간 화면에 문장이 떠올랐다.

자유주의 신학의 특징
- 성경의 권위를 인간 이성으로 대체한다.
- 기독교 용어를 사용하지만, 내용은 전혀 다르다.
- 하나님의 영광보다 사람의 인정을 더 추구한다.
- J. G. 메이첸의 『기독교와 자유주의』 중에서

곧이어 요한복음의 한 구절이 붉은 글씨로 떠올랐다.

"그들은 사람의 영광을 하나님의 영광보다 더 사랑하였더라" (요한복음 12:43)

3장 분별력을 마비시켜라 – 유물론의 유령

커트가 앞으로 나섰다.

"세 번째 전략은 '분별력 제로'입니다."

휴먼 뷰어가 떠오르자 스마트폰으로 영상을 시청하는 청년들과 소셜 미디어에 몰입한 교인들의 모습이 화면을 채웠다.

"이제 교인들은 성경 말씀보다 콘텐츠에 더 오래 노출됩니다. 주일 30분 설교보다 유튜브 알고리즘이 신앙관에 더 깊은 영향을 미치죠."

왓더헬이 물었다.

"어떻게 그렇게 된 겁니까?"

커트는 턱을 살짝 치켜들었다.

"담임목사의 말씀보다 자극적이고 실용주의적인 영상이 더 쉽고 매력적으로 다가가도록 만들었습니다. 교리, 교회사, 세계관 같은 신앙의 뼈대는 지루하고 불필요한 것처럼 느끼게 했죠. 결국 무엇이 성경적이고 무엇이 세속적인지도 구별하지 못하는 상태, 그게 우리가 만든 '분별력 마비'입니다."

왓더헬의 눈에 미묘한 빛이 스쳤다.

"해석력은 흐려지고 기준은 사라진다…. 자연스러운 붕괴로군요."

커트는 등을 곧게 세우고 말을 이었다.

"이 흐름을 철학적으로 가장 단단히 떠받치고 있는 기초가 있습니다. 바로 유물론(Materialism)입니다."

그는 허공에 글자를 새기며 말했다.

"한자로 '오직 유(唯)' '물질 물(物)', 오직 물질만이 존재한다는 전제죠. 영혼도, 도덕도, 하나님도 결국 인간이 만들어 낸 관념일 뿐, 인간은 그냥 고등 동물이고 죽으면 끝나는 유기체라는 관점입니다."

그 순간 뷰어에 문장 하나가 떠올랐다. 마르크스의 『공산당 선언』의 첫 문장이었다.

"하나의 유령이 유럽을 배회하고 있다. 공산주의라는 유령이다."

커트는 조용히 말했다.

"지금 그 유령 같은 사상이 한국 교회 안을 조용히 떠돌고 있습니다."

그는 유물론적 세계관의 출발점 중 하나인 프랑스혁명의 장면을 뷰어에 띄웠다.

"사람들은 흔히 '자유, 평등, 박애'만 기억하지만, 프랑스혁명의 '자유'는 'Freedom from God,' 즉 하나님으로부터의 자유였습니다. 교회는 해체되었고 재산은 몰수되었으며, 성직자들은 국가에 충성을 서약해야 했죠. 그리고 하나님의 자리에 '이성의 여신'이 앉게 되었습니다. 신 중심 세계관에서 인간 중심 질서로의 대전환이었습니다."

왓더헬이 맞장구를 치듯 덧붙였다.

"맞습니다. 진리는 개인의 의견으로 바뀌었고 신앙은 선택적 취향이 되었습니다."

커트는 동의하는 눈짓을 보내며 말을 이었다.

"유물론적 관점은 지금도 신학과 교회 사상 속에 살아 있습니다. 초자연적 계시는 밀려나고 인간의 경험, 사회구조, 심리 분석이 중심이 되죠."

그는 목소리를 낮추며 덧붙였다.

"그 영향은 이미 드러나고 있습니다. 해방신학, 민중신학, 여성신학, 퀴어신학 등 모두 유물론적 시각의 변형이자 아류입니다. 하나님의 절대진리 대신 억압받은 자의 '경험'이 구원의 기준으로 바뀌는 흐름이죠."

그 순간 커트의 표정이 굳어졌다.

"하지만 예상치 못한 변수가 발생했습니다."

회의실이 고요해졌다. 커트는 뷰어를 넘기며 말했다.

"바다로교회 김태리우스 목사의 강의 영상이 빠르게 확산되고 있습니다. 그는 유물론이 신학 내부에 어떻게 스며들었는지를 정확히 파헤쳤습니다. 이 영상이 신학교와 교회로 퍼지기 시작하면 우리가 조심스럽게 만들어온 혼란과 흐림의 전략이 무너질 수 있습니다. 영상을 보시고 반격을 위한 대응을 제안해 주십시오."

휴먼 뷰어가 암전되고 문제의 강의 영상이 조용히 재생되기 시작했다.

* * *

특별 세미나: 교회를 위협하는 이론들

바다로교회 대예배실은 성도들과 인근 신학교에서 온 신학생들로 가득 차 있었다. 본당에는 기대와 함께 알 수 없는 긴장감이 흐르고 있었다. 김태리우스 목사가 단상에 올랐다.

"오늘 이 자리에 함께해 주셔서 감사합니다."

그는 고개를 숙여 인사한 뒤 회중과 눈을 맞췄다. 단정하고 절제된 태도였지만, 그의 눈빛엔 조용한 절박함이 서려 있었다.

오늘 전해야 할 메시지는 단순한 '강의'가 아니었다. 그것은 깨워야 할 진실, 지켜야 할 복음, 분별을 위한 경고였다. 김태리우스 목사의 첫마디는 단호했다.

"여러분, 우리는 지금 영적 전쟁의 한가운데 서 있습니다. 자녀들의 교과서, 넷플릭스, 유튜브 그리고 회사의 윤리 강령까지 우리는 매일 성경과 정면으로 충돌하는 가치관의 폭격을 받고 있습니다. 아마도 이미 체감하고 계실 겁니다."

청중 사이로 고개를 끄덕이는 움직임이 잔잔히 번졌다. 몇몇 3040 부모들은 서로 눈빛을 주고받았다.

김 목사는 화면을 띄웠다. 최근 인기 드라마의 대사, 초중고 교과서의 일부 문장, SNS에서 수천 번 공유된 게시물들이 차례로 스크린에 나타났다. 회중 사이에서 탄식과 놀라움이 흘러나왔다. 그는 성경을 펴고 낮은 목소리로 한 구절을 읽었다.

"로마서 12장 2절입니다. '너희는 이 세대를 본받지 말고 오직 마음을 새롭게 함으로 변화를 받으라'"

잠시 침묵하던 그는 다시 고개를 들었다.

"주님의 명령을 따라 이 세대를 분별하려면 단순히 문화를 피하는 방법으로는 안 됩니다. 우리가 매일 마주하는 사고방식과 콘텐츠 속에 숨어 있는 사상의 흐름부터 꿰뚫어야 합니다."

그는 프레젠테이션을 다음 슬라이드로 넘겼다.

슬라이드 상단에는 제목이 선명하게 적혀 있었다.

해체의 계보: 계몽주의에서 자유주의 신학까지

그 아래에는 시대별 사조들이 화살표로 연결되어 타임라인이 나열돼 있었다.

"이건 시대에 따른 철학의 변천이 아닙니다. 이 사상의 흐름은 성경의 권위와 하나님의 계시를 지속해서 약화시켜 왔습니다. 그리고 결국 우리의 가치관과 신앙의 기준 전체를 혼란에 빠뜨리고 있습니다."

그는 말을 잠시 멈췄다. 회중을 바라보는 눈빛이 단단해졌다.

"이것은 사상의 문제를 넘어섭니다. 우리 자녀들의 믿음 그리고 한국 교회의 미래가 걸려 있는 문제입니다."

회중 사이에 조용한 긴장감이 퍼졌다. 몇몇 성도들은 조용히 펜을 꺼내 들고 메모를 준비했다.

진리의 주어가 인간이 되다 – 계몽주의

슬라이드 화면에는 고전주의 건축이 서 있는 18세기 유럽 도시 풍경이 펼쳐지고 있었다. 그가 조용히 물었다.

"우리는 무엇을 기준으로 옳고 그름을 판단해야 할까요? 개인의 생각, 사회적 합의, 아니면 그 기준은 우리 인간 세계의 바깥에 있어야 하는 걸까요?"

그는 천천히 화면을 가리켰다.

"먼저 우리가 살펴볼 철학은 '계몽주의'입니다."

화면에 커다란 문구가 떠올랐다.

Sapere Aude[사페레 아우데]
감히 알기를 시도하라

"이 말은 철학자 임마누엘 칸트가 계몽주의를 정의하며 남긴 선언입니다.

'더 이상 신에게 묻지 말고 스스로 생각하라'는 도전이었죠."

슬라이드가 바뀌며 칸트의 초상화가 떠올랐다.

"계몽주의는 인류에게 인권, 교육, 자유, 민주주의 같은 귀한 유산을 남겼습니다. 그러나 그 흐름은 곧 '하나님으로부터의 해방'까지 외치게 되었습니다."

화면에 굵은 화살표가 떠올랐다.

오직 하나님의 말씀 ➡ 오직 인간 이성

"칸트는 『실천이성비판』에서 '정언명령(定言命令)'이라는 개념을 통해 말했습니다. 도덕의 기준은 하나님의 계명이 아니라 모든 이성이 수긍할 수 있는 보편적 원리에서 나와야 한다고요."

김 목사는 잠시 멈추었다가 조용히 결론지었다.

"곧 선과 악의 기준이 하나님이 아닌 인간에게로 옮겨졌다는 뜻입니다."

슬라이드에 성경 구절이 차례로 떠올랐다.

"선악을 알게 하는 나무의 열매는 먹지 말라 네가 먹는 날에는 반드시 죽으리라 하시니라"(창세기 2:17)

"뱀이 여자에게 이르되 너희가 결코 죽지 아니하리라"(창세기 3:4)

김 목사는 청중을 바라보며 말했다.

"칸트는 도덕의 기준을 하나님의 계명 바깥, 인간 이성 안에서 찾으려 했습니다. 그 결과, 이렇게 해석될 수 있습니다. '하나님께 묻지 않아도 인간은 스스로 선하게 살 수 있다.' 이 말은 에덴동산에서 뱀이 하와에게 속삭인 말과 닮아 있습니다. '하나님의 명령을 따르지 않아도 된다'는 바로 그 유혹 말입니다."

그는 화면을 가리켰다.

"이건 피상적인 철학 논쟁이 아닙니다. 선과 악의 기준이 하나님 바깥으로 옮겨지는 순간부터 도덕은 '하나님의 계명'에서 '인간의 합의'로, 신앙은 '하나님의 계시'에서 '개인의 감정과 경험'으로, 진리는 '절대 기준'에서 '상대적 취향'으로 흐르게 되었습니다."

그때 한 청년이 조심스럽게 손을 들었다.

"목사님, 그런 철학이… 지금 우리 세대에도 영향을 주고 있나요?"

"물론입니다. '진리는 각자에게 있다.' '네가 옳다고 믿는 대로 선하게 살면 돼.' 우리가 매일 접하는 미디어, SNS, 교육, 문화의 메시지들은 모두 이 세계관 위에 서 있습니다."

화면에 슬라이드가 천천히 떠올랐다.

- 진리가 쇼핑이 되다

계몽주의 이후 각자 취향대로 진리를 고르는 시대

김 목사의 목소리는 낮지만 분명했다.

"이 한 문장이 지금 세상의 모든 판단을 바꾸고 있습니다. 그리고 바로 그 진리를 선택할 수 있다는 생각에서부터 복음을 떠나는 길이 시작됩니다."

감정이 진리를 삼키다 — 낭만주의

김 목사가 슬라이드를 넘겼다.

"다음은 1800년대 초 낭만주의입니다. 낭만주의는 계몽주의의 차가운 이성에 대한 반발로 등장했습니다. 이성보다 감정, 논리보다 개인의 내면 경험을 더 중시한 흐름이죠."

화면에는 키워드들이 하나씩 나타났다.

경험 중심 / 보편 종교 / 신 없이도 가능한 감정

"이 시기에 자유주의 신학의 아버지라 불리는 프리드리히 슐라이어마허(Friedrich Schleiermacher, 1768–1834)가 등장합니다. 그는 종교를 '절대 의존 감정'으로 정의했습니다."

김 목사는 천천히 설명을 이었다.

"즉 신앙은 '하나님의 계시'를 믿는 것이 아니라 인간이 느끼는 경외감과 의존감에서 시작된다고 보았습니다. 그래서 슐라이어마허에게 중요한 건 '누구를 믿느냐'가 아니라 '얼마나 깊이 느끼느냐'였습니다. 그 대상이 반드시 성경의 하나님일 필요는 없었습니다."

잠시 멈춘 뒤 그는 결론지었다.

"이처럼 신앙은 점점 말씀 중심에서 감정 중심으로 기울어가기 시작한 것입니다."

그때 신학대학원에 다니는 한 교육전도사가 손을 들었다.

"그렇다면… 낭만주의와 경건주의는 비슷한 흐름인가요?"

"겉보기엔 비슷할 수 있습니다. 둘 다 '신앙의 경험'을 중시하니까요. 하지만 결정적인 차이는 바로 '기준'입니다."

그는 슬라이드를 가리켰다. 굵은 텍스트가 화면에 떠올랐다.

경건주의 → 성경에 뿌리내린 경험
낭만주의 → 성경 없이도 가능한 종교 감정

"경건주의는 말씀을 기준으로 감정을 해석합니다. 하지만 낭만주의는 감정을 기준으로 성경을 해석합니다."

김 목사의 눈빛이 날카롭게 빛났다.

"이때부터 신앙의 토대는 '하나님의 계시'가 아니라 '인간의 감정'으로 옮겨가기 시작했습니다. 그리고 이 흐름이 훗날 자유주의 신학의 토양이 됩니다."

그는 단호히 말했다.

"복음 대신 감정이 중심이 된 신앙, 그 시작이 바로 낭만주의였습니다."

진리도 시대에 맞춰야 한다 – 헤겔

"이제 헤겔(Georg Wilhelm Friedrich Hegel, 1770~1831)로 넘어가겠습니다."
김 목사가 슬라이드를 넘기자 스크린에 선명한 흐름도가 나타났다.

[정] 전통 교리 → [반] 시대 변화 요구 → [합] 새롭게 해석된 기독교

"헤겔은 진리를 한 번에 주어진 정답으로 보지 않았습니다. 그는 진리가 '정(正) – 반(反) – 합(合)'의 변증법 과정을 거쳐 역사 속에서 발전해 나간다고 보았습니다. 전통 교리가 시대의 요구와 충돌하면 그 사이에서 더 높은 차원의 새로운 신학이 태어난다는 것이죠."

슬라이드에는 또 하나의 문장이 떠올랐다.

진리가 진화하다

김 목사는 잠시 청중을 둘러보며 말했다.

"헤겔의 변증법은 언뜻 보기에 역사와 세상 이치를 잘 설명하는 모델처럼 보입니다. 하지만 결국엔 진리를 상대화합니다."

그는 슬라이드를 넘겼다. 화면에 선명한 성경 한 구절이 떠올랐다.

"풀은 마르고 꽃은 시드나
 우리 하나님의 말씀은 영원히 서리라 하라"(이사야 40:8)

김 목사의 음성이 단단하게 울렸다.

"시대는 바뀌고 철학은 흘러도 하나님의 말씀은 변하지 않습니다.

진리는 누적되는 지식이 아니라 완성된 계시입니다. '말씀이 진보한다'는 말은 결국 인간이 하나님의 말씀 위에 서서 진리를 다시 쓰겠다는 선언일 뿐입니다."

그 순간 화면이 전환되며 카를 마르크스의 초상화가 떠올랐다. 예배실 안에 묘한 긴장감이 퍼지기 시작했다. 김 목사는 낮고 깊은 음성으로 말했다.

"그러나 어떤 이들은 말했습니다. 진리를 말로만 바꾸는 것으로는 충분하지 않다고요. 세상의 구조 자체를 뒤엎어야 한다고 주장했죠. 그 이름이 바로 카를 마르크스였습니다."

신은 계급 구조다 – 마르크스

김 목사가 숨을 고르며 조용히 말을 이었다.
"이제 마르크스(Karl Marx, 1818~1883)로 넘어가겠습니다."
그는 천천히 슬라이드를 넘겼다.
"이 시점부터 철학의 역할은 '세상을 해석하는 것'에서 '세상을 바꾸는 것'으로 옮겨 갑니다. 마르크스는 헤겔의 사상을 뒤집었습니다. 헤겔이 진리를 해석하고 조율하는 변증법을 말했다면, 마르크스는 선언했습니다. '진리를 설명하지 말고 세상을 전복하라.' 이제 진리는 더 이상 '설명해야 할 대상'이 아니라 '뒤엎어야 할 억압의 구조'가 됩니다. 전통은 억압의 대상이 되고 계시는 투쟁의 대상이 된 것이죠."
슬라이드에는 굵은 문장이 떠올랐다.

신은 인간이 만든 허상이다.

"마르크스는 유물론자였고 '물질만이 실재한다'고 보았습니다. 하나님, 영혼, 천국 같은 초월적 실재는 사회가 만들어 낸 상상, 즉 허상이라고 주장했습니다. 또 인간은 단지 고등한 동물일 뿐이고, 삶의 목적도 하나님의 뜻이 아닌 계급 해방에 있다고 말했습니다."
슬라이드는 다시 전환되며 또 하나의 문장이 떠올랐다.

"종교는 인민의 아편이다."
– 『헤겔의 법철학 비판』 서문 중에서

"이 말은 단순한 비유가 아닙니다. 마르크스에게 종교란 고통받는 민중이 현실을 잊기 위해 들이마시는 마취제였습니다. '천국이 있으니 참고 견뎌라'는 말이 억압을 정당화하는 도구라고 본 것이죠."

김 목사는 성경을 펼쳐 잠잠히 말씀을 읽었다.

"수고하고 무거운 짐 진 자들아 다 내게로 오라
내가 너희를 쉬게 하리라"(마태복음 11:28)

"예수님은 인간의 고통을 마취하지 않으셨습니다. 그분은 그 고통을 직접 짊어지셨고 우리를 참된 안식으로 초청하신 분입니다."

예배실 안은 고요해졌다.

"어리석은 자는 그의 마음에 이르기를
하나님이 없다 하도다"(시편 14:1)

"마르크스의 철학은 철학으로 끝나지 않았습니다. 그 사상은 이후 신학을 다시 쓰게 만들었습니다."

슬라이드가 전환되었다. 화면에는 단어들이 차례로 떠올랐다.

해방신학 / 민중신학 / 여성신학 / 퀴어신학

"이 모든 흐름은 하나님 대신 '사회구조'를 중심에 둡니다. 예수는 구속주가 아니라 억압에 저항하는 혁명가가 되고, 죄 역시 하나님의 법을 어긴 것이 아니라 억압을 만들어 내는 제도와 문화로 정의됩니다. 이런 관점에서 구원은 더 이상 '회개'하거나 '용서받는 것'이 아닙니다. 이제 구원은 사회구조에 맞서 싸우고 억압에서 벗어나는 것, 즉 해방과 투쟁을 의미하게 된 것이죠. 그래서 해방과 투쟁이 곧 복음이라고 주장하게 되는 것입니다."

복음은 '죄와 구원'의 이야기가 아니라 '사회 혁명'의 도구가 되었다.

김 목사는 회중을 바라보며 조용히 말했다.
"이제 교회는 스스로에게 질문해야 합니다. 우리가 믿는 복음의 주어는 하나님인가, 아니면 인간이 만든 사회구조인가?"

진리는 내 안에 있다 – 실존주의

"우리는 또 하나의 결정적 사조를 마주하게 됩니다. 바로 실존주의(Existentialism)입니다."
슬라이드가 전환되며 세 이름이 차례로 등장했다.

니체 / 하이데거 / 사르트르

"실존주의는 20세기 초에 전쟁과 허무, 고통과 무질서의 시대 속에서 등장했습니다. 제1·2차 세계대전의 참상을 경험한 인간은 알게 되었습니다. 이성도, 낭만도 삶의 무게를 지탱해 주지 못한다는 사실을."

신을 지워 버린 시대가 던진 질문이 슬라이드에 떠올랐다.

신은 없다. 그렇다면
우리의 존재 이유와 삶의 의미는 어디서 찾아야 하는가?

"실존주의는 말합니다. '그 의미를 만드는 일은 이제 오롯이 인간의 몫이다.'"

"신은 죽었다."
- 프리드리히 니체

김 목사는 설명을 이었다.
"니체(Friedrich Wilhelm Nietzsche, 1844-1900)는 단순히 신의 존재를 부정한 것이 아닙니다. 그는 이렇게 선언했습니다. '신이 죽었기 때문에 더 이상 절대 진리도, 계명도 없다.' 이제 선악의 기준은 하나님이 아니라 '인간 자신'이 직접 만들어야 한다는 것입니다. 이 철학의 핵심은 하나입니다. 하나님을 지우고 인간을 기준 삼는 것. 진리도, 구원도, 의미도… 모두 내 경험, 내 해석, 내 선택에 달려 있다는 사고방식입니다."

청중 가운데 대학부 부장이 조심스럽게 손을 들었다.
"목사님, 그런 철학이… 지금 교회에도 영향을 주고 있나요? 요즘 우리 청년들이 그런 콘텐츠에 자주 노출되고 있습니다."

김 목사는 조용히 고개를 끄덕였다.

"맞습니다. 실존주의는 학문적 영역에 머문 철학이 아닙니다. '자유주의 신학'이라는 이름으로 교회 안에 들어왔습니다."

슬라이드에는 문장이 떠올랐다.

복음은 인간 경험 속에서 새롭게 해석되어야 한다.

"하나님의 계시로 주어진 복음은 이제 인간의 문화, 감정, 상황 속에서 재조립되고 있습니다. 절대 진리로 '받는 복음'이 아니라 '나에게 의미 있게 느껴지는 메시지'가 복음이 되는 시대가 온 겁니다. 겉보기에 이것은 따뜻한 위로처럼 보일 수 있습니다. 고통받는 이들을 향한 배려처럼 느껴지죠. 하지만 그 본질은 하나님의 말씀을 인간의 심리와 취향의 저울 위에 올리는 일입니다. 말씀은 '받는 것'에서 '취사 선택하는 것'으로 바뀌고 있습니다. 이 철학은 지금도 퍼지고 있습니다. 예배당에서의 설교, 신학교 강의, 유튜브 채널, 기독교 출판물, 목회자 세미나까지 깊숙이 스며들고 있습니다."

슬라이드에는 세 개의 문장이 떠올랐다. 그리고 한 줄씩 붉게 지워지기 시작했다.

하나님은 사랑이시다 → 심판은 지워지고
이웃을 사랑하라 → 복음 전도는 흐려지고
하나님은 포용하신다 → 회개의 필요는 사라지고

"이제 우리는 분별해야 합니다. 이 철학들이 어떻게 하나님의 자리를 인간이 차지하도록 만들었는지, 어떻게 '신학'이라는 탈을 쓰고 복음의 중심을 바꾸고 있는지 말입니다."

복음을 뒤집은 투쟁 선언 – 해방신학

"지금까지 우리는 이성과 낭만, 실존과 회의의 시대를 지나왔습니다. 이제부터는 '변혁의 신학'으로 들어갑니다."

진리는 설명되는 것이 아니라 실현되는 것이다.

"마르크스는 이렇게 말했습니다. '철학자는 세상을 해석하는 데 그쳐선 안 된다. 세상을 변화시켜야 한다.'"
그는 잠시 숨을 고르고 조용히 이어갔다.
"이 말은 이후 신학에도 깊은 충격을 남겼습니다."
슬라이드는 마르크스의 초상화에서 서서히 흐려지며 차례로 세 단어가 떠올랐다.

사회구조 / 억압 / 해방

"20세기 중반 남미의 가톨릭 사제 구스타보 구티에레스(Gustavo Gutiérrez)와 유럽·미국의 일부 신학자들은 기존의 교회와 신학이 가난과 불의, 인종차별, 식민의 고통에 너무 무관심하다고 느꼈습니다. 그래서 그들은 성경을 새로운 시각으로 읽기 시작했습니다. 그러나 그것은 계시로서의 말씀이 아니라 '억압받는 자의 눈'으로 재해석된 성경이었습니다."

화면에 큰 글씨가 떴다.

> 복음은 죄인의 구원이 아니라 가난한 자의 해방이다.
> – 해방신학(Liberation Theology)

"이 신학은 복음의 메시지를 바꾸어 놓았습니다. 죄에서의 구원이 아니라 사회구조에서의 해방으로. 예수님의 십자가는 죄를 속량하는 희생이 아니라 억눌린 자와 연대한 혁명의 상징이 되어버렸습니다. 이들은 복음의 핵심을 '하나님의 사랑'이 아니라 '억눌린 자에 대한 분노'로 교체했습니다. 구속주는 죄인을 건지는 분이 아니라 억압자를 무너뜨리는 투사로 바뀐 것입니다."

그는 슬라이드를 넘기며 덧붙였다.

"이건 단순한 신학의 관점 차이가 아닙니다. 설교, 선교, 구제, 사회정의 활동, 목회 현장 전체의 방향을 바꾸는 사고방식입니다. 그리고 해방신학은 마르크스의 유물론이 처음으로 '신학'의 외투를 입고 교회 안에 들어온 사례이기도 합니다.

그리고 이 사상은 지금도 다양한 이름으로 변주되며 번져가고 있습니다."

화면에 단어들이 하나씩 떠올랐다.

민중신학 / 여성신학 / 퀴어신학

"이 모든 흐름은 해방신학이라는 뿌리에서 갈라져 나온 가지들입니다. 복음은 더 이상 '죄와 구원'의 이야기가 아니라 사회혁명의 도구가 되어버렸습니다. 문제는 이 흐름이 지금도 복음의 이름으로 진행되고 있다는 것입니다."

예수는 민중이다 – 민중신학

슬라이드 화면에는 1970년대 산업화 시기의 한국 기록 사진들이 하나둘 떠올랐다. 그 위에는 붉은 글씨가 순차적으로 나타났다.

산업화 / 독재 / 억압

"이번에는 한국에서 등장한 신학입니다. 바로 민중신학(People's Theology)입니다."
김 목사는 잠시 말을 멈추고 화면을 가리켰다.
"민중신학은 남미의 '해방신학'에서 영향을 받은 한국적 변형이라고 할 수 있습니다. 해방신학이 '억눌린 자의 시선'으로 성경을 다시 읽자고 말했다면 민중신학은 이렇게 말했습니다. '한국의 억눌린 자는 곧 민중이다. 그들의 고난 속에서 예수를 다시 해석하자.'"

예수는 민중이었다.

"이들은 예수님을 하나님의 아들, 죄인의 구속주로 보기보다 억눌린 민중의 동지요, 저항의 상징으로 해석했습니다. 예수님의 십자가는 죄를 위한 대속이 아니라 정치권력에 맞서 싸우다 죽은 민중의 고난을 대표하는 사건이 된 것이죠. 민중신학은 말합니다. '복음은 죄 사함의 메시지가 아니라 민중의 고난과 억압을 해석하는 이야기다.'"

그는 화면을 가리키며 덧붙였다.

"이 신학은 추상적인 이론이 아니었습니다. 민주화 운동, 노동 인권 운동, 농민·빈민 운동과 깊이 연결돼 있었죠. '억눌린 자들 편에 서는 예수'라는 해석은 많은 이들에게 현실의 위로가 되었고 행동의 근거가 되었습니다.

고통받는 자의 현실을 외면하지 않으려는 태도 그 자체는 분명 귀한 것입니다. 하지만 문제는 복음의 중심이 '죄와 회개'가 아닌 '억압과 해방'으로 대체될 때 발생합니다."

슬라이드에 문장이 떠올랐다.

복음은 민중의 해방이다.

김 목사는 스크린을 잠시 바라보다가 성경을 펼쳤다. 그리고 또렷한 목소리로 말씀을 읽었다.

"이같이 그리스도가 고난을 받고 제삼일에 죽은 자 가운데서 살아

날 것과 또 그의 이름으로 죄 사함을 얻게 하는 회개가 예루살렘에서 시작하여 모든 족속에게 전파될 것이 기록되었느니라"(누가복음 24:46-47)

그는 회중을 향해 단호하게 말했다.

"민중신학은 고통을 대변하려는 진지한 시도였습니다. 그러나 복음은 민중의 고통을 해석하는 언어가 아닙니다. 복음은 죄를 깨닫게 하고 회개로 이끌며, 예수 그리스도의 이름으로 모든 족속에게 전해져야 할 구원의 소식입니다. 복음은 '사회 해방'의 깃발이 아니라 죄인을 거룩하게 하시는 하나님의 부르심입니다.

이제 우리는 또 하나의 흐름을 마주합니다. 복음을 '성별'과 '정체성'의 언어로 다시 쓰려는 시도, 여성신학입니다."

하나님도 다시 써야 한다 – 여성신학

김 목사가 화면을 넘기자 회중석에서 작은 술렁임이 일었다. 공기가 한층 무거워졌다. 도전적인 질문이 화면을 붉은 글씨로 가득 채웠다.

성경은 남성 중심 사회의 산물인가?
– 여성신학(Feminist Theology)

"여성신학은 오랫동안 세상의 남성 중심 구조 속에서 억눌려 온 여성을 회복하려는 흐름에서 시작됐습니다. 그 가운데 교회 안에서 여성들이 주변화되거나 목소리를 내기 어려웠던 역사에 대해 정직하게 질문했죠. 그 출발점 자체는 진지하고 의미 있는 시도였습니다. 여성의 인권, 존엄, 공동체 안에서의 기여는 반드시 돌아봐야 할 주제입니다. 성경도 그것을 외면하지 않습니다."

화면에는 성경의 여성 인물들이 차례로 나타났다.

사라, 룻, 한나, 밧세바, 에스더, 마리아….

"하나님은 그들의 고통 가운데 함께하시며, 그들을 주변 인물이 아니라 구속사의 주체로 부르셨습니다."

슬라이드가 전환되며 한 구절이 떠올랐다.

"하나님이 자기 형상 곧 하나님의 형상대로 사람을 창조하시되
남자와 여자를 창조하시고"(창세기 1:27)

"성경은 분명히 말씀합니다. 남자와 여자는 모두 하나님의 형상으로 지음 받았습니다. 여성은 열등하거나 부차적인 존재가 아닙니다."

그는 다음 슬라이드에서 '돕는 배필'이라는 단어를 가리켰다.

"'돕는 배필'이란 말도 오해받기 쉽습니다. 하지만 이 표현의 히브리어는 에제르(עזר)인데, 이 단어는 시편을 비롯해 하나님을 묘사할 때 여러 차례 사용됩니다."

"나의 도움이 천지를 지으신 여호와에게서로다"(시편 121:2)

"도움, '에제르'는 종속을 의미하는 것이 아니라 강력한 동역자를 뜻하는 단어입니다. 문제는 일부 여성신학이 이 정당한 질문을 넘어서 성경 전체를 '남성 권력의 산물'로 보고 해체하려 든다는 데 있습니다."

슬라이드에는 도발적인 문장이 떴다.

하나님은 어머니이신가?

"어떤 학파는 하나님을 '아버지' 대신 '어머니'로 부르자고 주장합니다. 또 어떤 흐름은 남성 중심으로 쓰인 성경 본문을 아예 폐기하거나 새롭게 구성해야 한다고 말합니다. 심지어 어떤 경우는 성경 전체를 가부장적 억압의 문서로 치부하기도 합니다."

그는 천천히 말을 이었다.

"더욱 심각한 것은 일부 여성신학 내에서 '낙태'를 여성의 권리로 정당화하려는 주장입니다. '여성의 몸은 여성의 것'이라는 말은 공감할 수 있는 표현처럼 보이지만, 그 논리 속에는 하나님의 생명 주권보다 인간의 권리가 우선된다는 전제가 숨어 있습니다."

"주께서 내 내장을 지으시며 나의 모태에서 나를 만드셨나이다"(시편 139:13)

김 목사의 목소리는 분명했다.

"태아의 생명도 하나님의 형상으로 지음 받은 존귀하고 보호받아야 할 생명입니다. 여성의 고통과 권리를 충분히 경청하되, 그 회복은 하나님의 계시와 생명의 질서 위에 세워져야 합니다. 여성신학은 정당한 질문을 던졌습니다. 하지만 그 해답이 하나님의 말씀이 아닌 인간의 관점과 해체의 언어에만 머문다면 복음의 중심이 흔들릴 수밖에 없습니다."

그는 마지막으로 이렇게 말했다.

"여성의 회복은 반드시 필요합니다. 하지만 그 회복은 하나님을 재구성하는 것이 아니라 하나님의 말씀 앞에 다시 서는 데서 시작되어야 합니다.

이제 마지막 흐름입니다. 성별 그 자체를 해체하려는 신학, 퀴어신학으로 넘어갑니다."

성 정체성이 진리를 재정의하다 ― 퀴어신학

화면에는 무지개색 큐브 도형이 떠올랐다.

"이번엔 가장 최근 등장한 흐름입니다. 바로 퀴어신학(Queer Theology)입니다. 퀴어신학은 단지 동성애를 긍정하는 것을 넘어 성경이 전제해 온 성에 관한 창조 질서 자체에 도전하는 신학입니다. 남성과 여성의 구분, 이성애 중심의 성 윤리를 '억압적 구조'로 보고 복음의 메시지를 그 바깥에서 새롭게 정의하려 합니다."

슬라이드에 문장이 하나 떴다.

하나님은 모든 정체성을 포용하신다.

"이 문장은 얼핏 사랑처럼 들립니다. 하지만 그 안에는 성경이 말하는 창조 질서와 거룩의 기준을 해체하려는 시도가 숨어 있습니다."
화면에는 창세기 1장 27절이 떴다.

"하나님이 자기 형상 곧 하나님의 형상대로 사람을 창조하시되
 남자와 여자를 창조하시고"

"하나님은 '남자와 여자'를 지으시고 그 연합 안에 생명과 공동체의 기초를 두셨습니다. 이것은 단지 생물학의 문제가 아니라 하나님의 목적이며, 복음의 배경입니다."
다음 슬라이드에는 흐름이 정리돼 있었다.

남성과 여성 → 유동적 정체성
결혼과 성 윤리 → 개인의 선택
거룩과 죄 → 상대적 개념
구원 → 자기 수용과 정체성 해방

"퀴어신학은 말합니다. '하나님은 나를 있는 그대로 사랑하신다. 그러므로 나는 변화할 필요가 없다.' 하지만 성경은 이렇게 말합니다."

"너희는 유혹의 욕심을 따라 썩어져 가는 구습을 따르는 옛사람을 벗어 버리고 오직 너희의 심령이 새롭게 되어 하나님을 따라 의와 진리의 거룩함으로 지으심을 받은 새 사람을 입으라"(에베소서 4:22-24)

그는 화면을 넘기며 말을 이었다.
"하나님은 우리가 말씀에 순종하며 그분의 자녀로 살아가길 원하십니다. 바로 그 말씀이 성에 대해 우리가 가져야 할 분명한 기준을 주십니다."

"누구든지 여인과 동침하듯 남자와 동침하면
둘 다 가증한 일을 행함인즉 반드시 죽일지니…"(레위기 20:13)

"신약성경 로마서 1장 27절도 분명히 선언합니다."

"남자가 남자와 더불어 부끄러운 일을 행하여 …
그들의 그릇됨에 상당한 보응을 그들 자신이 받았느니라"

"하지만 퀴어신학은 이런 구절들을 '고대 사회의 한계'라며 무시하거나 '비자발적·폭력적인 동성 관계만을 말한 것이다'라고 축소합니다. 그러나 본문은 성적 행위의 자발성과 관계없이 하나님의 창조 질서를 어긴 행위 자체를 문제 삼고 있습니다."

"소돔과 고모라와 그 이웃 도시들도 음란하며

다른 육체를 따라가다가 영원한 불의 형벌을 받았느니라"(유다서 1:7)
"소돔과 고모라 성을 멸망하기로 정하여 재가 되게 하사 …
무법한 자들의 음란한 행실로 말미암아…"(베드로후서 2:6-7)

"어떤 이들은 소돔의 죄를 '환대하지 않은 죄'라 말하지만, 성경은 '음란함'과 '다른 육체를 따름'이 그 심판의 이유였다고 명확히 밝힙니다."

화면이 어두워지고 문장이 하나 떠올랐다.

하나님은 죄인을 사랑하시지만, 죄를 그대로 두지 않으십니다.

"퀴어신학의 핵심 문제는 단지 몇 구절 해석의 차이가 아닙니다. 그것은 복음 전체의 구조를 재정의하려는 시도입니다. 하나님 중심의 진리를 자기 정체성 중심의 경험으로 바꾸려는 흐름입니다.

복음은 누구에게나 열려 있습니다. 그러나 동시에 복음은 모든 사람에게 회개하고 거룩함을 추구하라고 요구합니다. 그 부르심 앞에서 누구도 자신의 정체성이나 경험을 기준 삼아 복음을 자기 방식대로 해석할 수 없습니다.

우리가 복음을 바꾸는 것이 아니라 복음 앞에서 우리가 바뀌어야 합니다."

진리를 다시 쓰려는 손길 – 자유주의 신학

김 목사는 마지막 슬라이드를 띄웠다. 스크린 한가운데 하나의 흐름도가 그려져 있었다. 작은 사상들의 이름이 각각 강줄기처럼 흐르고 있었고, 그 모든 흐름은 결국 하나의 거대한 강으로 합쳐지고 있었다.

계몽주의 → 낭만주의 → 헤겔 → 마르크스 → 실존주의 →
해방신학 → 민중신학 → 여성신학 → 퀴어신학

그리고 그 마지막 강줄기 위로 문구가 떠올랐다.

"모든 사상이 흘러들어 결국 한 줄기로 합쳐진다."
– 자유주의 신학

김 목사는 천천히 입을 열었다.
"이것들은 단절된 철학이나 독립적인 신학이 아닙니다. 하나의 연결된 흐름입니다."
그는 화면의 상단, 강의 근원을 가리켰다.

계몽주의는 이성을, 낭만주의는 감정을, 헤겔은 역사를,
마르크스는 계급을, 실존주의는 자아를, 해방신학은 억압 구조를,
민중신학은 현실 고통을, 여성신학은 성별을, 퀴어신학은 정체성을.

"모두 하나님의 말씀보다 다른 것을 앞세웠습니다. 그 순간 복음은 계시의 말씀이 아니라 인간의 해석이 되었습니다. 그 모든 물줄기는 결국 하나의 강이 됩니다. 복음을 다시 쓰려는 흐름, 그게 바로 '자유주의 신학'입니다. 이 흐름의 가장 큰 문제는 이것입니다. 하나님의 말씀을 인간의 감정과 경험 앞에 무릎 꿇리려 한다는 것. 하지만 복음은 우리가 정의할 수 있는 것이 아닙니다. 복음은 우리를 정의하시는 하나님의 말씀입니다."

청년이 떨리는 손을 들었다.

"목사님…, 그렇다면 지금 같은 시대에… 우리는 어떻게 교회를 지킬 수 있습니까?"

김 목사는 강단 앞으로 천천히 걸어 나왔다. 손엔 성경이 들려 있었고 눈빛은 유리처럼 맑고 단호했다. 그의 목소리는 조용했지만, 예배실 구석까지 울려 퍼졌다.

"사랑하는 여러분…, 우리는 지금 거대한 강의 흐름 속에 있습니다. 이성의 이름으로, 정의와 포용의 이름으로 진리를 바꾸려는 시대… 그 모든 흐름이 한 가지를 외칩니다."

그는 화면을 가리켰다.

하나님의 말씀보다 우리의 생각이 우선이다.

잠시 정적이 흐르고, 김 목사의 음성이 다시 울려 퍼졌.

"진리는 변하지 않습니다. 세상이 흔들려도 하나님의 말씀은 흔들리지 않습니다."

청년들의 눈동자가 하나둘 반짝이기 시작했다.

"그렇다면 교회를 어떻게 지킬 것인가?"

그는 성경을 가슴에 바짝 끌어안았다.

"첫째, 말씀에 착념하십시오. '내가 이를 때까지 읽는 것과 권하는 것과 가르치는 것에 전념하라'(디모데전서 4:13) 말씀을 부지런히 읽고 또 읽으십시오. 둘째, 진리를 타협하지 마십시오. 인간의 해석이 아닌 하나님의 계시만이 우리의 기준입니다. 시대가 아무리 변해도 진리는 협상할 수 없습니다. 셋째, 다음 세대를 깨우십시오. 자녀들이 거짓된 강물에 휩쓸리지 않도록 깨어 기도하고 가르치십시오."

그의 목소리가 점점 더 뜨거워졌다.

"넷째, 교회 안에서부터 시작하십시오. 복음을 희석시키려는 모든 시도를 분별하고 단호히 거부하십시오. 다섯째, 마지막까지 서십시오. 설령 혼자가 되어도 진리의 편에 그렇게 서십시오!"

그는 성경을 높이 들었다. 그 손이 조금 떨리고 있었다.

"사랑하는 성도 여러분…, 지금이 바로 그 순간입니다.

세상은 우리에게 타협하라고 요구합니다. 진리를 바꾸라고 속삭입니다. 그러나 우리는 대답해야 합니다.

'나는 복음을 부끄러워하지 않습니다. 이 복음은… 모든 믿는 사람을 구원하는 하나님의 능력입니다.'(로마서 1:16, 새번역)

주님은 지금도 진리를 위해 우리를 부르고 계십니다. 그 부르심 앞에 우리가 응답할 시간입니다. 일어나십시오. 깨어나십시오. 그리고… 싸우십시오. 그리스도의 날까지!"

*　*　*

비밀 전략 – 복음을 봉인하라

촛불이 하나씩 다시 켜졌다. 검은 회의실엔 김 목사의 마지막 목소리가 아직 잿빛 메아리처럼 떠돌고 있었다. 노리드는 스크린을 바라본 채 한동안 앉았다가 천천히 자리에서 일어섰다.

"역시 쉽게 사라지지 않는군."

그의 목소리는 낮고 서늘했다. 잠시 숨죽인 정적이 흘렀다.

탁.

노리드의 의자가 미끄러지며 묵직한 소리를 냈다. 사원들의 시선이 일제히 그에게 쏠렸다.

"비상 전략을 발동한다. 복음을 교회 안에 … 가둬라."

"교회 안에 불붙은 저 결의를 그냥 놔두시겠다는 겁니까?"

어딘가에서 낮은 목소리가 조심스레 울렸다. 노리드는 눈길도 주지 않은 채 고개를 끄덕였다.

"그래. 그들은 이제 더 열심히 믿게 될 것이다. 그 열심을 건물 안에 가둬라. 신앙은 진열장에 갇혀 있을수록 무해하다. 복음이 교회 문을 넘어 세상으로 스며드는 순간 진리는 다시 세상을 살린다. 그것만은… 반드시 막아야 한다.

이 전략은 노골적인 박해가 아니다. 정교분리의 본래 의미를 비틀어라. 원래 그 원칙은 정부가 교회를 억압하지 못하게 하기 위한 것이었다. 그러나 우리는 그것을 거꾸로 뒤집는다."

그는 천천히 사원들을 훑어보았다.

"교회는 공적 영역에서 발언할 수 없다는 기만을 퍼뜨려라. 그렇게 성경의 가치를 사회에서 하나씩 지워라."

그가 손짓하자 다음 슬라이드가 떠올랐다.

거친 바다 위를 가로지르는 메이플라워호의 사진이었다.

"이 이야기를 지워야 한다. 1620년 청교도들은 예배의 자유를 위해 목숨을 걸고 대서양을 건넜다. 그 항해는 마치 출애굽 같았다. 그들은 신앙의 억압을 피해 홍해를 건넜고 말씀대로 사는 나라를 세우기 위해 험악한 땅 광야를 밟았다. 개인 신앙이 아무리 뜨거워도 제도적 억압 앞에선 무력하다. 청교도들은 그걸 뼈저리게 배웠지. 그래서 그들은 선거철마다 '선한 통치자란 누구인가'를 설교했다. 법과 제도가 복음을 죽일 수 있다는 걸 알았기 때문이다."

장면이 현대의 화면으로 바뀌었다.

중국의 도시들. 강제로 철거되는 교회 지붕의 붉은 십자가들.
검열을 통과하고 공산당이 승인한 '수정된 성경.'
홍콩의 「국가안전법」이 교회와 고해성사마저 감시하는 현실.
그리고 20년 넘게 기독교 박해 1위를 차지해 온 북한.

"기억하라. 기독교인들이 무관심할 때 우리는 기동전을 펼쳐 법과 제도를 장악한다."

그는 회의실 중앙에 멈춰 섰다.

"이제 말씀은 교회 안에서만 울리게 하라. 공공 문제엔 침묵하라고 훈련시켜라. 그렇게 진리를 교회 안에 봉인하라."
그는 마지막 화면을 터치했다. 스크린에 붉은 글귀 하나가 나타났다.

빛을 가두는 데 성공하면 세상은 그것을 어둠이라 부르지 않는다.
오히려 '중립적'이라 믿게 된다.

회의실 안이 술렁였다. 그때였다. 회의실 뒤편 조용히 울리는 박수 소리. 차가운 어둠이 한가운데로 걸어 나왔다.
마더 파크.

예배를 탈취하라 —마지막 전쟁의 본질

회의실이 정적에 잠긴 가운데 마더 파크가 단상 위로 천천히 올라섰다. 검은 망토 자락이 무겁게 흘렀고 촛불은 하나둘 꺼지며 그의 얼굴만을 비추었다.
"동지들이여."
그는 어둠 속을 꿰뚫으며 입을 열었다.
"지금까지 우리가 논의한 모든 전략… 그 조각들을 이젠 하나로 꿰어야 할 시간이다."
어둠이 더 깊어졌다.
"우리는 단지 교회와 싸우는 게 아니다. 그저 진리를 해체하려는 것도 아니다."

그는 연설대를 주먹으로 내리쳤다.

"이 전쟁은… 예배 전쟁이다.

에덴에서 나타스 님이 던진 첫 유혹을 기억하라. '너희가 하나님과 같이 될 것이다'(창세기 3:5) 그건 단순한 유혹이 아니었다. 예배의 방향을 바꾸는 첫 신호탄이었다."

천장이 열리고 요한계시록의 홀로그램 구절이 공중에 떠올랐다.

"땅에 사는 자들이 다 짐승을 경배하리라"(요한계시록 13:8)

마더 파크의 음성이 울려 퍼졌다.

"우리는 이 말씀 그대로 인류 전체의 예배를 탈취해 나타스 님께 바칠 것이다!"

그는 손을 번쩍 들어올렸다.

"요한계시록은 일곱 교회들을 일깨우며 시작된다(요한계시록 1-3장). 그리고 이어서 하늘의 예배가 열린다(요한계시록 4-5장)."

스크린에 다섯 개의 단어가 또렷하게 떠올랐다.

거룩하심 / 전능하심 / 영원하심 / 창조주 되심 / 어린양의 구원하심

"그 영광스러운 하늘의 예배는 이 다섯 가지 고백 위에 세워져 있다. 그러나 땅에서는 이 고백이 들리지 않게 만들어야 한다."

그의 목소리가 낮아졌다.

"예배는 기쁨과 자유를 낳는다. 예배를 빼앗으면 인간은 참된 행복

을 잃는다. 그러니 행복의 길을 철저히 감춰라. 「웨스트민스터 소교리문답」 제1문을 기억하는가? '사람의 제일 되는 목적은 하나님을 영화롭게 하고 영원토록 그를 즐거워하는 것이다.' 이 진리를 지워라. 그들이 하나님 없이 행복을 추구하게 만들어라. 그럴수록 더 깊은 공허와 고통 속에서 그들은 지옥에 떨어질 것이다. 그리고 그 고통이 바로 우리의 기쁨이다."

그는 외쳤다.
"요한복음 8장 32절 '진리가 너희를 자유롭게 하리라'
요한복음 17장 17절 '아버지의 말씀은 진리니이다'
이 진리를 봉인하라!"

마더 파크가 연설대를 움켜잡고 부르르 떨었다.
"예배는 인간의 본능이다. 그들은 반드시 무언가를 예배한다.
우리가 원하는 건 단 하나! 예배의 대상이 하나님이 아니면 된다."
그는 냉혹하게 결론지었다.
"예배를 지배하면 인간을 지배할 수 있다."
순간 검은 성경 위에 붉은 도장이 찍힌 문장이 천천히 떠올랐다.

KTB – Kill The Bible Project

그는 마지막 외침을 쏟아냈다.

"요한복음 4장! 하나님이 찾는 자는 누구인가?
'성령과 진리로 예배하는 자들이라.'
나를 도와 그들을 막을 자 누구인가?
성령과 진리 그 자체인 성경을 왜곡할 자 누구인가?
예배자들이 일어나지 못하도록 하라!
그들의 입을 막고 귀를 닫고 눈을 멀게 하라!"

마더 파크의 목소리가 으르렁거렸다.
"'이 예언의 말씀을 읽는 자와 듣는 자와 지키는 자는 복이 있나니'
(요한계시록 1:3) 우리는 그 복을 반드시 빼앗아야 한다!"

그 순간 바닥이 무겁게 진동했다. 스크린에 마지막 지도가 떠올랐다.
대한민국.
마더 파크는 어둠을 가르며 포효했다.
"우리의 마지막 타깃.
복음의 마지막 전초기지.
이 땅이 무너지면 전 세계의 예배는 도미노처럼 무너진다."

순간 침묵이 회의실을 삼켰다. 사원들은 직감했다.
이 작은 나라의 몰락이 예배 전쟁의 마지막 파문이 될 것임을.
그리고 그 전쟁의 서막을 여는 열쇠가 지금,
자기들 손에 쥐어져 있다는 것을.

마더 파크는 단상 위 연설대로 뛰어올라 주먹을 높이 쳐들었다.
그러자 전 사원이 일제히 테이블 위로 올라서며 주먹을 움켜쥐었다.

"동지들이여, 단결하라!"
마더 파크의 외침이 벽과 천장을 뒤흔들었다.
"끝까지 우리의 KTB - 킬 더 바이블 프로젝트를 기억하라!
그리고,
전진하라!"

그는 마르크스의 『공산당 선언』 마지막 문장을 내던졌다.

"우리가 잃을 것은 족쇄요, 얻을 것은 세상이다!"

순간 회의실 전체가 붉게 물들었다.

"이제 날이 밝아온다.
계명성, 루시퍼가 활동할 시간이다."

그리고 마치 지옥의 의식처럼 최후의 명령을 외쳤다.

"자! 모두 위치로!"
스크린 전체에 불길처럼 타오르는 붉은 문장이 떠올랐다.

KTB-Kill The Bible Project
성경을 제거하라.
예배의 주인을 바꿔라.

에필로그

이기리로다

새벽빛이 아득한 지평선을 물들이고 있었다. 80층 빌딩 위 서울 하늘 가장자리에 인간의 눈에는 보이지 않는 위엄의 두 존재가 서 있었다.

"들었나, 가브리엘?"

미가엘이 고요하게 물었다.

"모두 들었네. 역시 그들의 계획은 변함이 없군."

가브리엘이 조용히 고개를 끄덕였다.

그들은 도시를 내려다보았다. 어둠은 여전히 깊었고 수많은 이들이 거짓과 진리 사이에서 방황하고 있었다.

그러나 그들 아래 한 교회 옥상에 새벽빛처럼 작고 또렷한 불빛이 피어오르고 있었다.

청년 몇 명이 새벽기도회를 마치고 조용히 성경을 펴고 묵상하고 있었다.

이내 마음을 다해 찬송을 불렀다.

갈보리 산 위에 십자가 섰으니
주가 고난을 당한 표라
험한 십자가를 내가 사랑함은
주가 보혈을 흘림이라

멸시 천대 받은 주의 십자가에
나의 마음이 끌리도다
귀한 어린 양이 세상 죄를 지고
험한 십자가 지셨도다

험한 십자가에 주가 흘린 피를
믿는 맘으로 바라보니
나를 용서하고 내 죄 사하시려
주가 흘리신 보혈이라

주님 예비하신 나의 본향 집에
나를 부르실 그 날에는
영광중에 계신 우리 주와 함께
내가 죽도록 충성하리

최후 승리를 얻기까지
주의 십자가 사랑하리
빛난 면류관 받기까지
험한 십자가 붙들겠네

미가엘이 부드러운 미소를 지었다.
"보게, 가브리엘. 주님은 언제나 신실한 '남은 자'를 두셨네. 그들이 어둠을 걷어낼 빛이 되리라."

잠시 침묵하던 가브리엘이 그날을 떠올리며 말했다.
"기억하나, 미가엘? 다니엘이 21일을 기도했을 때 내가 그에게 가지 못하도록 페르시아의 영이 길을 막았지. 하지만 자네가 와서 나를 도와주었지. 결국 우리는 주님의 승리를 보았네."(다니엘 10:12-13)
미가엘이 고개를 끄덕이며 대답했다.
"그때처럼 지금도 이 땅의 기도가 주님의 보좌를 향하고 있어."

가브리엘이 낮고 또렷한 음성으로 성경을 읊었다.
"이 예언의 말씀을 읽는 자와 듣는 자와 그 가운데에 기록한 것을 지키는 자는 복이 있나니 때가 가까움이라"(요한계시록 1:3)
미가엘이 천천히 검을 빼 들며 말했다.
"그래. 때가 가까이 왔네. 어서 가세. 할 일이 많아졌으니."

두 천사는 찬란한 빛 속에 날개를 펼쳤다. 그들의 모습은 아침 안개 속으로 솟구쳐 오르며 사라졌다. 그들의 발걸음은 예배의 처소마다 메아리쳤고 깨어 기도하는 자들의 숨결 위로 응답의 불빛이 피어올랐다.

어둠은 여전히 살아 더 강력하게 움직이고 있다.
진리는 가려지고 예배는 위협받는다.
그러나 성경은 단연코 선언한다.

"무너졌도다 무너졌도다 큰 성 바벨론이여"(요한계시록 18:2)

"그가 또한 불에 살라지리니
 그를 심판하시는 주 하나님은 강하신 자이심이라"(요한계시록 18:8)

그리고 무엇보다 더 분명한 약속 하나.

"그들이 어린 양과 더불어 싸우려니와
 어린 양은 만주의 주시요 만왕의 왕이시므로 그들을 이기실 터이요
 또 그와 함께 있는 자들
 곧 부르심을 받고 택하심을 받은 진실한 자들도

 이기리로다"(요한계시록 17:14)

Keep The Bible 아카이브
"성경의 가치를 지키고 나누는 공간"

2000년 기독교 역사의 도표와 자료, 그리고 저자의 생각을
인스타그램에서 차근차근 나눕니다.

부록

소그룹 나눔 :
진리를 분별하는 6가지 능력

소그룹 나눔 차례

소그룹 지도자용 전자책(PDF) 증정
지도 교역자는 QR코드를 스캔해 신청해 주세요.

1과 **말씀을 붙들어라** _ 189
　　[본문 1부] **성경 못 읽게 하기** | 고대-중세-근세 시대

2과 **이성의 덫을 벗어나 진리를 붙들라** _ 197
　　[본문 2부] **성경 안 읽게 하기** | 근세-근대 시대

3과 **포스트모던 해체에 맞서라** _ 205
　　[본문 3부] **성경 해체하기** | 근대-현대 시대

4과 **차별금지법, 사랑과 진리로 응답하라** _ 211
　　[본문 4부 1장] 마지막 타깃, 대한민국 – **포괄적 차별금지법**

5과 **창조 신앙을 굳게 붙들라** _ 219
　　[본문 4부 2장] 마지막 타깃, 대한민국 – **유신진화론**

6과 **유물론의 거짓을 분별하라** _ 228
　　[본문 4부 3장] 마지막 타깃, 대한민국 – **유물론**

LESSON 01

말씀을 붙들어라
[본문 1부] 성경 못 읽게 하기 | 고대-중세-근세 시대

견고함 [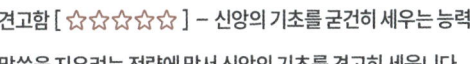] – 신앙의 기초를 굳건히 세우는 능력
말씀을 지우려는 전략에 맞서 신앙의 기초를 견고히 세웁니다.

발단: 마음 열기

- 오늘 나에게 문자 한 통이 온다면 어떤 내용을 기대하나요? 그 문자를 받고 나면 기분이 어떨까요?

전개: 내용 살펴보기

『킬 더 바이블』 1부 핵심 요약
- **초대 교회 시대**: 로마제국의 박해로 성경을 소지하거나 읽는 행위가 금지됨.
- **중세 시대**: 성경을 라틴어로만 보존하고 평신도가 직접 성경을 읽지 못하도록 차단함.

- **존 위클리프**: 최초로 성경을 영어로 번역하다가 교황청의 분노를 사서 사후 시신이 화형에 처해짐.
- **얀 후스**: 위클리프의 영향을 받아 성경의 권위를 강조하고 체코어 성경 번역과 보급 운동을 적극 지지하다가 화형당함.
- **마르틴 루터**: 독일어로 성경을 번역해 민중에게 말씀을 열어 줌.
- **사탄의 전략**: 성경 읽기와 번역을 금지하거나 말씀을 왜곡해, 하나님의 진리를 차단하려고 함.

인상 깊은 부분 나누기
- 책 제1부에서 가장 인상 깊었던 구절이나 장면은 무엇이었나요? 왜 그 부분이 와닿았나요?

위기 - 절정: 말씀 깊이 보기

디모데후서 3:14-17

14 그러나 너는 배우고 확신한 일에 거하라 너는 네가 누구에게서 배운 것을 알며 15 또 어려서부터 성경을 알았나니 성경은 능히 너로 하여금 그리스도 예수 안에 있는 믿음으로 말미암아 구원에 이르는 지혜가 있게 하느니라 16 모든 성경은 하나님의 감동으로 된 것으로 교훈과 책망과 바르게 함과 의로 교육하기에 유익하니 17 이는 하나님의 사람으로 온전하게 하며 모든 선한 일을 행할 능력을 갖추게 하려 함이라

1. 바울이 디모데에게 권면한 '배우고 확신한 것'은 구체적으로 무엇을 가리키나요? (15절)

2. 바울은 왜 디모데에게 어려서부터 말씀을 배워 온 경험과 신앙을 전해 준 사람들을 상기시키고 있을까요? (참고: 딤전 6:3, 딤후 1:5)

3. 바울과 사도들은 그리스도께 받은 정통 신앙을 지키고 다음 세대에 전했습니다. 그러나 교회 역사 속에 이단 사상과 왜곡된 해석들도 끊임없이 등장했다 사라지기를 반복해 왔습니다. 다음 표를 보며 우리 신앙의 뿌리가 어디서부터 이어져 왔는지, 또 오늘날 자유주의 신학의 뿌리는 어디에서 시작되었는지 살펴봅시다. (표의 '오늘' 칸에 우리 교회의 이름을 적어 봅시다.)

성경 '정통 해석'과 '자유주의 해석' 계보

연대	예수-사도적 정통 해석 계보	성경 권위에 도전한 자유주의 해석 계보
1세기	예수 그리스도, 사도들 구약 성취, 십자가 중심 해석	없음
2~5세기	교부 시대 이레네우스, 아타나시우스 정경 수립, 삼위일체 정리	없음
6~15세기	중세 정통 교리 발전 아우구스티누스, 안셀무스 구속사적 해석 지속	없음
16세기	종교개혁 루터, 칼뱅, 츠빙글리 "오직 성경", 원문 중심 해석	없음
17세기	개혁 정통주의 도르트총회, 「웨스트민스터 신앙고백」 성경의 무오, 언약 신학 강조	합리주의 철학의 등장 데카르트(이성의 절대화), 스피노자(자연주의), 라이프니츠
18세기	복음 중심의 대각성 운동 조너선 에드워즈, 존 웨슬리, 조지 휫필드 등	계몽주의 영향 아래 성경 권위 약화 칸트(도덕자율), 볼테르(반교권), 흄
19세기	복음주의의 부흥, 선교 확장 찰스 스펄전, D. L. 무디 등	자유주의 신학 형성 슐라이어마허(경험 중심), 리츨(도덕 중심)
20세기 초	성경의 영감과 무오 강조 벤저민 B. 워필드, 찰스 하지 등	성경 비신화화와 고등비평 확산 루돌프 불트만(비신화화), F. C. 바우어, 베른하르트 바이스
20세기 중후반	정통 복음주의의 계승과 체계화 칼 헨리, 존 스토트, 마틴 로이드 존스	포스트모던 사조와 종교다원주의 확산 폴 틸리히(하나님의 인격성과 계시 부정), 존 힉, 하비 콕스 등
21세기	정통 복음주의의 재확인과 말씀 중심 성경 권위, 구속사적 설교 운동	정체성 기반 신학 강화 퀴어신학, 해방신학, 신비주의 혼합
오늘	우리 [ ] 교회	

4. "모든 성경은 하나님의 감동으로 되었다"는 표현은 무엇을 의미할까요? (16절, 베드로후서 1:20-21 참고)

5. 성령 하나님의 감동하심으로 기록된 성경을 주신 목적은 무엇인가요? (15-17절)

① [　　　　　] 안에 있는 [　　　　] 으로 말미암아
  [　　　　] 에 이르는 지혜를 주시기 위함입니다. (15절)

② [　　　　　　　] 을 알려 주시기 위함입니다. (16절)

(교훈, 책망, 바르게 함, 의로 교육함)

→ 그래서 [　　　　　] 을 행할 능력을 갖추게 하려 하심입니다.
(17절)

마태복음 4:1-11

4 예수께서 대답하여 이르시되 기록되었으되 사람이 떡으로만 살 것이 아니요 하나님의 입으로부터 나오는 모든 말씀으로 살 것이라 하였느니라 하시니 **6** 이르되 네가 만일 하나님의 아들이어든 뛰어내리라 기록되었으되 그가 너를 위하여 그의 사자들을 명하시리니 그들이 손으로 너를 받들어 발이 돌에 부딪치지 않게 하리로다 하였느니라 **7** 예수께서 이르시되 또 기록 되었으되 주 너의 하나님을 시험하지 말라 하였느니라 하시니 **10** 이에 예수께서 말씀하시되 사탄아 물러가라 기록되었으되 주 너의 하나님께 경배하고 다만 그를 섬기라 하였느니라

6. 예수님은 사탄의 유혹을 어떻게 물리치셨나요? "기록되었으되"라는 말씀을 반복하신 이유는 무엇일까요? (4, 6, 7, 10절)

7. 예수님이 성경 말씀으로 시험을 물리치신 모습을 보면 성경은 어떤 권위를 지닌 책이라는 것을 알 수 있을까요?

8. 오늘날 우리도 "기록되었으되"라고 대답하며, 말씀에 따라 선택해야 하는 순간에는 어떤 경우들이 있을까요? (202쪽 표를 참고해 답해 봅시다.)

9. 성경을 많이 읽고 외워도 실제 삶에서 시험이나 유혹을 만났을 때 말씀대로 사는 것은 왜 어려울까요?

> ### case study: 말씀으로 기준 잡기
>
> **상황 1. 교양 강연에서**
> 강사 : "성경도 결국 고대 근동 지역의 종교 문헌 중 하나일 뿐이에요. 절대적 권위를 가질 수는 없죠."
> 디모데후서 3장 16절의 원리를 어떻게 적용해 대답할 수 있나요?

상황 2. 친구와의 대화에서

친구 : "현실은 먹고 사는 게 더 중요하지. 말씀 읽는다고 뭐가 달라져?"

마태복음 4장 4절을 어떻게 적용해 답할 수 있을까요?

상황 3. 온라인 토론에서

댓글 : "종교 경전은 다 비슷비슷해요. 성경만 특별할 게 뭐가 있나요?"

디모데후서 3장 15절 내용을 적용해 어떻게 설명할 수 있을까요?

결론: 말씀 적용 질문

- 이번 한 주 동안 예수님처럼 "기록되었으되"라는 말씀으로 살아가기 위해 어떤 결단을 하시겠습니까?

    ▶ 개인적 실천 :

    ▶ 소그룹 공동 실천 :

결단과 기도

이번 공과를 통해 우리가 얻고자 한 것은 바로 '견고함'이었습니다. 수많은 신학적 목소리와 혼란스러운 메시지가 넘쳐나는 시대에 우리는 디모데처럼 "배우고 확신한 것"에 거하며, 예수님처럼 "기록되었으되"라는 말씀으로 모든 유혹을 물리치는 견고한 신앙인이 되어야 합니다.

특히 성경의 절대적 권위를 왜곡하거나 상대화하려는 흐름 속에서도 우리는 하나님의 말씀을 유일한 진리의 기준으로 붙들고 온전한 복음을 다음 세대에게 전하는 삶을 살아갑시다.

> "모든 성경은 하나님의 감동으로 된 것으로 교훈과 책망과 바르게 함과 의로 교육하기에 유익하니"(딤후 3:16)

LESSON 02
이성의 덫을 벗어나 진리를 붙들라
[본문 2부] **성경 안 읽게 하기** | 근세-근대 시대

판단력 [☆☆☆☆☆] – 거짓 논리를 간파하는 힘
이성의 덫에서 벗어나 진리를 판단하는 능력을 얻습니다.

발단: 마음 열기

- 요즘 여러분이 가장 신뢰하는 정보 출처는 어디인가요?
  왜 그것을 가장 신뢰하나요?

  [   ] 유튜브 채널/인플루언서
  [   ] 인터넷 검색 결과
  [   ] 친구들의 의견
  [   ] 가족의 조언
  [   ] 성경 말씀
  [   ] 기타: _____

전개: 내용 살펴보기

『킬 더 바이블』 2부 핵심 요약

➡ 계몽주의의 등장(1700년대)
- **'이성의 시대'**: 인간의 이성이 최고의 판단 기준으로 자리 잡음.
- **데카르트**: "나는 생각한다, 고로 존재한다." 하나님이 아닌 인간을 중심에 둠.
- **칸트**: "감히 알려고 하라." 인간의 이성으로 모든 것을 판단함.
- **루소**: "인간은 본래 선하다." 성경의 원죄 교리와 충돌함.

➡ 자유주의 신학의 발전(1800~1900년대)
- **성경 고등비평학**: 성경을 하나님의 말씀이 아닌 인간의 문서로 취급
- **초자연적 사건 부정**: 기적, 부활을 상징이나 신화로 재해석
- **예수님의 신성 약화**: 단순한 도덕적 스승으로 축소함.

인상 깊은 부분 나누기
- 2부에서 가장 인상 깊었던 구절이나 장면은 무엇인가요? 왜 그 부분이 와닿았나요?

위기 - 절정: 말씀 깊이 보기

잠언 3:5-7

5 너는 마음을 다하여 여호와를 신뢰하고 네 명철을 의지하지 말라 6 너는 범사에 그를 인정하라 그리하면 네 길을 지도하시리라 7 스스로 지혜롭게 여기지 말지어다 여호와를 경외하며 악을 떠날지어다

1. 하나님은 우리에게 누구를 신뢰하라고 말씀하시나요? 여호와를 신뢰한다는 것은 구체적으로 어떤 의미이며, 그 범위는 어디까지인가요? (ESV 성경: 5절 'all your heart', 6절 'all your ways')

2. 범사에 하나님을 인정하는 자에게 하나님은 어떤 약속을 주시나요? (6절)

3. 하나님의 '지도하심'(6절)은 구체적으로 어떤 의미일까요?

4. 하나님이 금하시는 태도는 무엇인가요? (5, 7절)

5. "스스로 지혜롭게 여기지 말라"와 "네 명철을 의지하지 말라"는 말씀은 어떤 뜻일까요? 이 말씀은 오늘날 우리가 이성을 사용할 때 어떤 태도를 가져야 함을 가르쳐 줄까요?

6. 계몽주의 사상가들이 강조한 '이성의 자율성'과 이 말씀은 어떻게 대조될까요?

고전 1:18-21

18 십자가의 도가 멸망하는 자들에게는 미련한 것이요 구원을 받는 우리에게는 하나님의 능력이라 19 기록된 바 내가 지혜 있는 자들의 지혜를 멸하고 총명한 들의 총명을 폐하리라 하였으니 20 지혜 있는 자가 어디 있느냐 선비가 어디 있느냐 이 세대에 변론가가 어디 있느냐 하나님께서 이 세상의 지혜를 미련하게 하신 것이 아니냐 21 하나님의 지혜에 있어서는 이 세상이 자기 지혜로 하나님을 알지 못하므로 하나님께서 전도의 미련한 것으로 믿는 자들을 구원하시기를 기뻐하셨도다

7. "십자가의 도"란 무엇인가요? 그 핵심 내용을 정리해 봅시다. (고전 1:18 참고, 사 53:5, 롬 5:8)

8. 십자가의 도를 믿는 사람과 믿지 않는 사람은 각각 어떤 결말에 이르게 되나요? (18절)

9. "십자가의 도가 미련한 것"이라고 말하는 세상에서 우리는 어떤 자세로 살아가야 할까요?

10. 다음 표를 보고 성경적 해석과 자유주의 해석을 비교해 보세요. 자유주의 신학의 표현 중 실제 들어본 것이 있다면 그 내용과 그때의 느낌도 나누어 봅시다.

예수-사도 정통 해석과 자유주의 신학 해석의 핵심 비교표

핵심 질문	예수-사도 정통 해석 (성경적 기준)	자유주의 신학 해석	자유주의 신학에서 자주 쓰는 표현
성경은 어떤 책인가요?	하나님의 완전한 계시이며, 무오하고 절대적인 진리 (딤후 3:16, 벧후 1:21)	인간의 종교적 경험을 기록한 문서, 시대에 따라 해석	"성경도 시대마다 다르게 읽혀야 하지 않을까요?" "성경 해석은 다양할 수 있죠."
예수님은 누구인가요?	참 하나님이자 참 인간이시며, 우리의 유일한 구주 (요 1:1, 골 2:9, 마 16:16)	신성을 약화시키고 도덕적 스승이자 상징적 존재로 해석	"예수님은 사랑이 무엇인지 보여 주신 분이에요." "그분은 인간의 고통을 함께 나누셨어요."
구원의 길은 무엇인가요?	오직 예수 그리스도의 십자가 대속과 부활을 통한 구원 (요 14:6, 행 4:12, 롬 5:8)	도덕적 삶, 사랑 실천, 종교다원주의적 구원관	"구원은 자기 삶에서 의미를 찾는 거예요." "사랑이 곧 구원이죠."
성경 해석의 권위는?	성령의 조명 아래 사도적 전통과 교회 공동체의 신앙 안에 있음. (요 16:13, 유 1:3)	개인 경험, 공동체 해석, 시대정신에 따라 변화	"신앙은 각자의 여정이에요." "교리보다 내 경험이 중요하죠."
기적, 부활, 재림의 의미	실제 역사적 사건이며, 복음의 핵심 진리 (고전 15:14-17, 요 20:27-29)	상징적 의미로 해석하거나 신화화	"부활은 내면의 희망을 뜻하는 거 아닐까요?" "기적은 마음이 바뀌는 것만으로도 충분해요."

case study: 진리 사수하기

상황 1 : 대학교 수업에서

교수 : "종교는 개인의 믿음일 뿐이죠. 학문적으로는 객관적 사실에 기반해야 합니다."

잠언 3장 5~7절의 원리를 어떻게 적용할 수 있을까요?

상황 2: 친구와의 대화에서

친구: "성경도 사람이 쓴 책이잖아. 현대에 맞게 해석해야 하는 거 아니야?"

고린도전서 1장 18~21절을 어떻게 적용할 수 있을까요?

상황 3: 온라인 토론에서

댓글: "종교는 개인의 선택이지, 절대적 진리는 없어요. 각자 믿고 싶은 걸 믿으면 되는 거죠."

이런 상대주의적 사고에 어떻게 대답하시겠습니까?

결말: 말씀 적용 질문

- 이번 한 주 동안 하나님의 말씀을 기준으로 판단하며 살기 위해 내가 실천할 수 있는 구체적인 결단은 무엇인가요?

    ▶ 개인적 실천:

    ▶ 소그룹 공동 실천:

결단과 기도

이번 공과를 통해 우리가 얻고자 한 것은 바로 '판단력'이었습니다. 수많은 메시지가 혼재하는 시대, 특히 '이성이 최고'라고 외치는 세상 속에서 우리는 자신의 이성이나 세상의 기준이 아니라 하나님의 말씀을 기준으로 분별하며 살아가야 합니다.

계몽주의 이후 400년간 인간은 스스로를 신으로 만들어 왔습니다. 하지만 십자가의 도를 미련하게 여기는 자유주의 신학의 목소리 한가운데에서도 우리는 오직 그리스도의 복음을 자랑하며 신뢰하는 삶을 그리스도의 날까지 살아냅시다.

"스스로 지혜롭게 여기지 말지어다"(잠언 3:7)

LESSON 03

포스트모던 해체에 맞서라
[본문 3부] **성경 해체하기** | 근대-현대 시대

통찰력 [☆☆☆☆☆] – 진리의 본질을 꿰뚫어 보는 능력
포스트모더니즘의 해체 전략을 통찰력으로 간파합니다.

발단: 마음 열기

- 요즘 검색창에 제일 많이 한 질문이 무엇인지 하나씩 나누어 봅시다.

전개: 내용 살펴보기

『킬 더 바이블』 3부 핵심 요약

➔ **포스트모더니즘이란?**
- 포스트모더니즘은 1960~70년대에 등장한 철학적 사조로 모든 진리는 사회적·문화적 맥락에 따라 달라지며, 절대적 진리는 존재하지 않는다고 주장한다.

포스트모더니즘의 핵심 사상과 성경적 평가

사상적 특징	핵심 개념	성경적 평가	관련 성구
상대주의	절대 진리는 없고 모든 것은 관점에 따라 달라진다.	성경의 진리를 상대화하며, 예수 그리스도를 유일한 구원이 아닌 여러 선택 중 하나로 격하함.	**요 14:6** | 예수만이 길·진리·생명 **행 4:12** | 구원은 오직 예수 이름
메타내러티브 거부	하나의 큰 이야기(메타내러티브)는 존재하지 않는다.	성경의 구속사(창조-타락-구속-완성)를 억압적 권력 서사로 왜곡하고 무력화함.	**창 1:1** | 태초에 하나님이 천지를 창조 **계 21:5** | 내가 만물을 새롭게 하노라.
해석적 주관주의	진리는 객관적 기준이 없으며, 해석은 각자의 경험에 달려 있다.	성경 해석의 객관성과 권위를 부정하고 인간의 느낌을 하나님의 뜻보다 우위에 두게 만듦.	**벧후 1:20-21** | 예언은 성령의 감동으로 된 것
언어적 회의주의	언어로는 진리를 담을 수 없고 모든 해석은 불완전하다는 주장	"하나님이 인간의 언어로 진리를 주셨다"는 계시 자체를 의심하게 하여 말씀의 확실성을 훼손함.	**딤후 3:16** | 모든 성경은 하나님의 감동 **마 24:35** | 내 말은 없어지지 않음.
권위 해체주의	모든 권위는 억압의 도구라는 전제 아래 권위를 해체하려 함.	성경, 교회, 목회자의 권위를 무너뜨리고 공동체 내 분열과 불신을 심화시키며, 성경적 질서를 해체함.	**히 13:17** | 인도자를 순종하라. **고전 14:33** | 하나님은 무질서의 하나님 아님.

인상 깊은 부분 나누기

- 3부에서 가장 인상 깊었던 구절이나 장면은 무엇인가요? 왜 그 부분이 마음에 남았나요?

위기 - 절정: 말씀 깊이 보기

요한복음 14:6
예수께서 이르시되 내가 곧 길이요 진리요 생명이니 나로 말미암지 않고는 아버지께로 올 자가 없느니라

1. 예수님은 자신을 어떻게 소개하시나요?

2. "내가 곧 길, 진리, 생명"이라는 말씀에 담긴 의미는 무엇이며, 이 선언이 '모든 종교가 같은 신을 믿는다'는 주장과 어떻게 대조될까요?

요한복음 17:17
그들을 진리로 거룩하게 하옵소서 아버지의 말씀은 진리니이다

3. 예수님은 진리의 근원을 어디라고 말씀하시나요? "아버지의 말씀은 진리니이다"라는 선언은 포스트모더니즘의 상대주의와 어떻게 다르고 우리 믿음에 어떤 소망과 확신을 줄까요?

4. 앞의 206쪽 표에 나온 포스트모더니즘 사상 중 오늘날 가장 영향받고 있다고 생각되는 것은 무엇인가요? 그리고 이것은 성경과 어떻게 상충되는지 함께 이야기해 봅시다.

사도행전 4:12
다른 이로써는 구원을 받을 수 없나니 천하 사람 중에 구원을 받을 만한 다른 이름을 우리에게 주신 일이 없음이라 하였더라

5. 베드로는 구원에 대해 어떻게 설명하고 있나요?

6. 이 말씀은 포스트모더니즘적 관점에서 왜 논쟁의 대상이 될까요?

case study: 포스트모던 사고 분별하기

상황 1: 대학 강의실에서

교수: "절대적 진리라는 건 권력자들이 만든 허상이에요. 모든 진리는 상대적입니다."

요한복음 14장 6절을 어떻게 적용할 수 있을까요?

상황 2: 친구와의 대화에서

친구: "기독교만 옳다고 하는 건 너무 배타적이지 않아? 다른 종교도 다 나름대로 좋은 가르침이 있잖아."

사도행전 4장 12절을 어떻게 적용할 수 있을까요?

상황 3: 온라인 토론에서

댓글: "성경도 2000년 전 문화의 산물이니 현대에 맞게 새롭게 해석해야 하는 거 아닌가요?"

요한복음 17장 17절을 바탕으로 어떻게 대답하시겠습니까?

결말·말씀 적용 질문

- 이번 한 주 동안 "예수님이 유일한 길, 진리, 생명"이라는 고백을 삶으로 나타내기 위해 어떤 결단을 하시겠습니까?

    ▶ 개인적 실천 :

    ▶ 소그룹 공동 실천 :

결단과 기도

이번 공과를 통해 우리가 얻고자 한 것은 바로 '통찰력'이었습니다. 포스트모더니즘과 다양한 사상이 혼재하는 시대 속에서 우리는 세상의 혼란스러운 메시지에 휩쓸리지 않고 오직 예수 그리스도를 '길, 진리, 생명'으로 고백하며, 하나님의 말씀을 바르게 해석하고 지키는 통찰력을 가져야 합니다.

"절대적 진리는 없다"고 외치는 세상 속에서도 우리는 성경의 절대적 진리를 붙들고, 그 말씀 안에서 거룩함을 추구하는 삶을 계속 살아갑시다.

"내가 곧 길이요 진리요 생명이니"(요한복음 14:6)

LESSON 04

차별금지법, 사랑과 진리로 응답하라

[본문 4부 1장] 마지막 타깃, 대한민국 | 포괄적 차별금지법

> 담대함 [☆☆☆☆☆] – 두려움 없이 진리를 선포하는 능력
> 「차별금지법」의 법적 장벽을 담대함으로 돌파합니다.

발단: 마음 열기

- 만약 여러분이 인플루언서가 된다면 어떤 채널을 운영하고 싶나요? 그리고 활동 시 신앙에 대해 어떻게 표현할 것인지 솔직한 마음을 체크해 보세요.

  [ ] 당당하게 신앙을 표현하고 싶다.
  [ ] 성경적 가치관을 표현하는 것이 부담스럽다.
  [ ] 다른 사람들의 반응이 걱정된다.
  [ ] 필요할 때는 표현할 것이다.

전개: 내용 살펴보기

『킬 더 바이블』 4부 1장 핵심 요약

- 「포괄적 차별금지법」의 도입 목적은 소수자 보호에 있으나 그 과정에서 신앙적 표현의 자유가 침해될 가능성이 제기되고 있습니다. 입법화된 나라의 사례 중 일부를 살펴봅시다.

- **미국 콜로라도주**(2022년): 초등학교 수학여행에서 11세 여학생이 성전환 남학생과 같은 방에서 자도록 강요받았습니다. 부모와 학생이 사생활 침해와 심리적 불안을 호소했지만, 학교는 '포용 교육'이라며 이를 강행했습니다. (출처: Jefferson County School District 소송 자료)

- **영국 런던**(2021년): 거리 설교자 존 셔우드 목사가 창세기 1장을 인용해 "남자와 여자로 창조되었다"라고 설교하다가 '동성애 혐오 발언'으로 간주되어 경찰에 체포되었고 하룻밤 구금된 뒤 석방되었습니다. (출처: Christian Concern, 「기독일보」)

- **핀란드**(2021~2022년): 기독교 정치인 파이비 라사넨 의원이 SNS에 성경 말씀을 인용했다가 '혐오 범죄'로 기소되었습니다. 법정 공방 끝에 무죄 판결을 받았지만, 오랜 기간 법적 압박과 사회적 비난을 견뎌야 했습니다. (출처: ADF International, BBC)

- **「포괄적 차별금지법」의 핵심**
  이미 한국에는 「남녀고용평등법」 「장애인차별금지법」 등 수십 가지 개별 차별금지법이 존재함.
  「포괄적 차별금지법」에는 '성적 지향'과 '성 정체성' 조항이 추가됨.

이 조항들은 성경의 창조 질서(창 1장), 성 윤리(롬 1장)와 충돌함.

- 용어 설명
  ① **성적 지향**(Sexual Orientation): 사람이 성적 끌림을 느끼는 대상이 남성, 여성 또는 둘 다일 수 있다는 개념임.
  ② **성 정체성**(Gender Identity): 자신이 느끼는 성별로 출생 시 성별과 일치할 수도, 다를 수도 있음. 남성, 여성, 논바이너리(남녀 모두가 아님), 젠더플루이드(유동적임) 등 다양한 형태가 포함됨.

※ **알림**: 각 국가의 법률 체계와 사회적·문화적 맥락이 다르므로 이 사례들을 한국의 상황과 직접적으로 비교하는 데는 주의가 필요합니다. 한국에서는 2007년부터 여러 차례 발의되었으나 2025년 현재 「포괄적 차별금지법」이 입법되지 않았습니다.

인상 깊은 부분 나누기

- 4부 1장에서 가장 인상 깊었던 구절이나 장면은 무엇이었나요? 왜 그 부분이 와닿았나요?

위기 - 절정: 말씀 깊이 보기

사도행전 5:27-29

27 그들을 끌어다가 공회 앞에 세우니 대제사장이 물어 **28** 이르되 우리가 이 이름으로 사람을 가르치지 말라고 엄금하였으되 너희가 너희 가르침을 예루살렘에 가득하게 하니 이 사람의 피를 우리에게로 돌리고자 함이로다 **29** 베드로와 사도들이 대답하여 이르되 사람보다 하나님께 순종하는 것이 마땅하니라

1. 사도들이 받은 금지령과 그에 대한 반응은 무엇이었으며, 이렇게 담대할 수 있었던 이유는 무엇일까요? (28-29절)

2. 초대 교회 사도들이 받은 금지령과 오늘날 성경적 가치관 표현을 '혐오 발언'으로 제한하려는 시도는 어떤 점에서 유사할까요?

3. 오늘날 우리도 진리를 침묵하라는 압박을 받을 때가 있습니다. 여러분은 어떤 상황이 떠오르나요?

고린도전서 6:9-11

⁹ 불의한 자가 하나님의 나라를 유업으로 받지 못할 줄을 알지 못하느냐 미혹을 받지 말라 음행하는 자나 우상 숭배하는 자나 간음하는 자나 탐색하는 자나 남색하는 자나 ¹⁰ 도적이나 탐욕을 부리는 자나 술 취하는 자나 모욕하는 자나 속여 빼앗는 자들은 하나님의 나라를 유업으로 받지 못하리라 ¹¹ 너희 중에 이와 같은 자들이 있더니 주 예수 그리스도의 이름과 우리 하나님의 성령 안에서 씻음과 거룩함과 의롭다 하심을 받았느니라

4. 본문에서 불의한 자는 어떤 자들을 말하며, 이들은 어떻게 변화되었다고 말하나요? (9, 11절)

5. 이 말씀은 죄를 분명히 지적하면서도 어떤 소망을 보여주나요?

6. '죄는 미워하되 죄인은 사랑하라'는 태도가 왜 공동체 안에서 중요한 가치가 될까요?

베드로전서 3:14-17

14 그러나 의를 위하여 고난을 받으면 복 있는 자니 그들이 두려워하는 것을 두려워하지 말며 근심하지 말고 15 너희 마음에 그리스도를 주로 삼아 거룩하게 하고 너희 속에 있는 소망에 관한 이유를 묻는 자에게는 대답할 것을 항상 준비하되 온유와 두려움으로 하고 16 선한 양심을 가지라 이는 그리스도 안에 있는 너희의 선행을 욕하는 자들로 그 비방하는 일에 부끄러움을 당하게 하려 함이라 17 선을 행함으로 고난 받는 것이 하나님의 뜻일진대 악을 행함으로 고난 받는 것보다 나으니라

7. 베드로는 의를 위해 고난 받는 자들에게 어떤 태도와 대답을 권면하나요? (14-15절) 그리고 왜 태도가 중요하다고 말하나요?

8. 진리를 전하면서도 차별하지 않고 존중을 지키려면 구체적으로 어떤 준비가 필요할까요? (차별/구별 표 참고)

구분	의미	실제 예시	성경적 관점
차별	**인격과 존재** 자체를 부정하거나 배제	특정 성향의 사람에게 기본적 인권이나 존엄성 부정	모든 사람은 하나님의 형상 (창 1:27)
구별	**행위와 가치관**에 대한 판단	특정 행동이나 삶의 방식에 대해 성경적 기준으로 평가	죄는 미워하되 사람은 사랑함. (유 1:22-23)
적용	차별은 금지, 구별은 성경적 가치 지킴.	모든 사람을 존중하되, 행위에 대해선 성경적 가치관을 유지	진리를 말하되 사랑과 존중으로 (벧전 3:15)

case study: 담대함 실천하기

상황 1: 직장에서

동료: "요즘 시대에 동성애를 죄라고 하는 건 차별 아니야? 좀 더 열린 마음을 가져 봐."

고린도전서 6장 9~11절 원리를 어떻게 적용하여 대답할 수 있을까요?

상황 2: 학교에서

교수/친구: "성경적 가치관을 강요하는 건 다른 사람의 인권을 침해하는 거야."

베드로전서 3장 15절의 태도로 어떻게 대답하시겠습니까?

상황 3: 온라인에서

댓글: "기독교인들은 왜 이렇게 혐오적이야? 사랑을 말하면서 차별하네."

베드로전서 3장 16절의 "선한 양심"을 어떻게 보여 줄 수 있을까요?

결말·말씀 적용 질문

- 이번 한 주 동안 담대하게 신앙을 표현하기 위해 어떤 결단을 하시겠습니까?

  ▶ 개인적 실천 :

  ▶ 소그룹 공동 실천 :

결단과 기도

이번 공과를 통해 우리가 얻고자 한 것은 바로 '담대함'이었습니다. 세상이 성경의 가르침을 '혐오'로 규정하고 진리 선포를 막으려 하는 시대 속에서 우리는 베드로와 사도들처럼 "사람보다 하나님께 순종하는 것이 마땅하다"며 담대하게 신앙을 고백해야 합니다.

차별과 혐오라는 프레임 속에서도 우리는 성경적 구별을 포기하지 않으면서 동시에 그리스도의 사랑으로 모든 사람을 대하는 지혜로운 담대함을 보이며, 창조 질서를 지키는 삶을 끝까지 견지합시다.

> "너희 속에 있는 소망에 관한 이유를 묻는 자에게는 대답할 것을 항상 준비하되 온유와 두려움으로 하고"(베드로전서 3:15)

LESSON 05

창조 신앙을 굳게 붙들라

[본문 4부 2장] 마지막 타깃, 대한민국 | **유신진화론**

> 확신 [☆☆☆☆☆] – 창조 신앙을 굳건히 붙드는 능력
> 유신진화론의 미혹에서 창조 신앙에 대한 확신을 얻습니다.

발단: 마음 열기

- 자연을 보면서 신비롭다고 느꼈던 경험이 있나요? 어떤 것이었는지 나누어 봅시다.

전개: 내용 살펴보기

『킬 더 바이블』 4부 2장 핵심 요약

➡ 유신진화론이란?

- 하나님이 세상을 창조하셨지만, 그 과정이 진화라는 '자연선택'과 '돌연변이' 등 진화의 메커니즘을 통해 이루어졌다고 보는 입장임.
- 이 견해는 과학의 진화론과 하나님의 창조 신앙을 동시에 받아들이

려는 시도이나 창조가 하나님의 직접적이고 완전한 행위임을 강조하는 성경의 선언과 근본적으로 충돌함.

유신진화론과 성경의 창조 진리 비교표

논점	유신진화론의 주장	성경적 창조 선언
창조의 방식	하나님이 진화 과정을 통해 세상을 만드셨다고 본다.	하나님이 말씀으로 6일 동안 모든 것을 완성하셨다. (창 1:31)
창조의 목적	진화 과정 자체에 목적이 있다고 본다.	하나님이 분명한 목적과 계획을 가지고 창조하셨다. (사 45:18)
창조의 완성 시점	아직도 진화 중이라고 본다.	6일 만에 완성되었으며, 창조가 끝났다. (창 2:1-2)
죽음의 기원	죽음은 진화 과정에 자연스럽게 포함된 현상이다.	죽음은 아담의 죄로 인해 세상에 들어왔다. (롬 5:12)
아담·하와의 실재	아담과 하와는 상징적 인물 또는 실존 여부를 유보한다.	아담과 하와는 실제 인물이며, 인류의 조상이다. (고전 15:22, 마 19:4)
죄의 기원	죄는 인간 본성이나 진화 과정의 부산물로 본다.	죄는 아담의 실제 불순종에서 시작되었다. (롬 5:12, 창 3:6)
구원의 필요성	죽음이 자연 현상이라면 예수님의 구속이 꼭 필요하지 않다.	죄와 죽음의 문제 해결을 위해 예수님의 구속이 꼭 필요하다. (롬 6:23, 고전 15:21-22)
성경 해석 태도	창세기를 신화나 상징으로 해석한다.	창세기를 실제 역사적 사건으로 해석한다. (마 19:4-5, 눅 3:38)

과학적 쟁점: 진화론의 한계와 논란

- 중간 단계 화석이 충분히 발견되지 않았다고 지적됨.
- 1980년 시카고 심포지엄에서 점진적 진화의 증거가 부족하다고 논의됨.
- 리처드 도킨스 등 일부 진화론자들은 유신진화론을 비판함.
- 진화론 내에서도 진화의 메커니즘, 속도, 해석 등을 둘러싼 다양한

내부 논쟁과 비판이 지속되고 있음.
- 찰스 다윈 자신도 『종의 기원』 제6장 "학설의 난점"에서 실제로 중간 단계 증거의 부족이 자신의 이론에 대한 가장 큰 반대임을 인정함.

인상 깊은 부분 나누기

- 4부 2장에서 인상 깊었던 구절이나 장면은 무엇인가요? (표 참고) 왜 그 부분이 와닿았나요? 그 부분을 읽으면서 어떤 생각이나 감정이 들었나요?

위기 - 절정: 말씀 깊이 보기

창세기 1:31-2:2

31 하나님이 지으신 그 모든 것을 보시니 보시기에 심히 좋았더라 저녁이 되고 아침이 되니 이는 여섯째 날이니라 1 천지와 만물이 다 이루어지니라 2 하나님이 그가 하시던 일을 일곱째 날에 마치시니 그가 하시던 모든 일을 그치고 일곱째 날에 안식하시니라

1. 본문에서 창조가 '완성'되었음을 선언하는 표현들을 다 찾아봅시다.

2. 창조는 며칠째에 완성되었나요?(1:31~2:2) 그리고 하나님께서 창조하신 모든 것을 보시고 어떻게 평가하셨나요?(31절)

3. 만약 창조가 '수십억 년 동안 생존 경쟁과 적자생존, 죽음과 도태'를 거친 진화로 이루어졌다면 하나님께서 그 모든 것을 보시고 "심히 좋았더라"고 평가하실 수 있었을까요?(31절)

창세기 1:11-12, 21, 24-25

11 하나님이 이르시되 땅은 풀과 씨 맺는 채소와 각기 종류대로 씨 가진 열매 맺는 나무를 내라 하시니 그대로 되어 12 ⋯ 하나님이 보시기에 좋았더라 21 하나님이 큰 바다 짐승들과 물에서 번성하여 움직이는 모든 생물을 그 종류대로, 날개 있는 모든 새를 그 종류대로 창조하시니 하나님이 보시기에 좋았더라 24 하나님이 이르시되 땅은 생물을 그 종류대로 내되 가축과 기는 것과 땅의 짐승을 종류대로 내라 하시니 그대로 되니라 25 하나님이 땅의 짐승을 그 종류대로, 가축을 그 종류대로, 땅에 기는 모든 것을 그 종류대로 만드시니 하나님이 보시기에 좋았더라

4. 본문에서 반복적으로 강조되는 표현은 무엇인가요? 이 표현은 유신진화론의 '점진적 변화' 주장과 어떤 점에서 충돌한다고 생각하나요?

히브리서 11:3

믿음으로 모든 세계가 하나님의 말씀으로 지어진 줄을 우리가 아나니 보이는 것은 나타난 것으로 말미암아 된 것이 아니니라

5. 하나님은 "모든 세계의 보이는 것은 나타난 것으로 말미암아 된 것이 아니니라"[ex nihilo(무에서부터), 무(無)에서 유(有)로 창조]라고 말씀하셨습니다. 이 선언은 유(有)에서 유(有)로 점진적으로 진화했다고 보는 유신진화론과 어떤 점이 다른가요?

6. 우리가 이것을 아는 근거는 무엇이며, 창조를 이해하는 데 믿음의 역할은 무엇인가요?

로마서 5:12-15

12 그러므로 한 사람으로 말미암아 죄가 세상에 들어오고 죄로 말미암아 사망이 들어왔나니 … 14 그러나 아담으로부터 모세까지 아담의 범죄와 같은 죄를 짓지 아니한 자들까지도 사망이 왕 노릇 하였나니 아담은 오실 자의 모형이라 15 그러나 이 은사는 그 범죄와 같지 아니하니 곧 한 사람의 범죄를 인하여 많은 사람이 죽었은즉 더욱 하나님의 은혜와 또한 한 사람 예수 그리스도의 은혜로 말미암은 선물은 많은 사람에게 넘쳤느니라

고린도전서 15:21-22

21 사망이 한 사람으로 말미암았으니 죽은 자의 부활도 한 사람으로 말미암는도다 22 아담 안에서 모든 사람이 죽은 것 같이 그리스도 안에서 모든 사람이 삶을 얻으리라

7. 성경에 따르면 죽음은 언제부터 시작되었나요? (롬 5:12, 고전 15:21) 그리고 이 말씀은 유신진화론의 주장과 어떻게 다른가요?

8. 아담과 예수님은 각각 어떤 결과를 가져왔나요?

9. 만약 죽음이 죄의 결과가 아니라 단순한 진화의 자연 현상이라면 예수님의 십자가 죽음과 부활은 어떤 의미를 가지게 될까요?

10. 유신진화론의 주장대로라면 예수님을 믿어야 하는 이유는 무엇일까요?

마태복음 19:4-6
예수께서 대답하여 이르시되 사람을 지으신 이가 본래 그들을 남자와 여자로 지으시고 …

11. 만약 아담과 하와가 상징적 인물이라면 예수님이 창세기의 남녀 창조를 인용하신 이 말씀은 어떻게 이해해야 할까요?

case study: 확신 나타내기

상황 1: 친구 모임에서

친구: "나는 진화론이 과학적으로 너무 잘 증명됐다고 생각해. 창조론은 그냥 신화에 가깝지 않나?"

히브리서 11장 3절을 바탕으로 어떻게 이야기할 수 있나요?

상황 2: 교회 청년부에서

한 청년: "하나님이 진화를 도구로 쓰셨을 수도 있지 않아? 성경이 꼭 6일 창조를 말하는 걸 문자적으로 믿어야 하나?"

창세기 1장 31절~2장 2절, 로마서 5장 12절을 바탕으로 어떻게 대답할 수 있습니까?

상황 3: 온라인에서

댓글: "21세기에 창조론을 문자 그대로 믿는 건 과학을 무시하는 태도 같아 보여."

마태복음 19장 4~6절을 구원의 핵심과도 연결해서 어떻게 설명할 수 있을까요?

결말: 말씀 적용 질문

- 하나님의 창조와 구원 계획을 분명히 믿고 삶에서 실천하기 위해 이번 한 주 동안 무엇을 결단하시겠습니까?

  ▶ 개인적 실천 :

  ▶ 소그룹 공동 실천 :

결단과 기도

이번 공과를 통해 우리가 얻고자 한 것은 바로 '확신'이었습니다. 하나님은 말씀으로 세상을 창조하시고 아담과 하와를 실제 인물로 지으셨으며, 그 역사 위에 구속의 계획을 이루셨습니다. 우리는 시대적 해석이 아니라 성경의 선언 위에 믿음을 세워야 합니다.

유신진화론이라는 '트로이 목마'가 교회 안에 들어와 창조 신앙을 흔들려 하지만, 우리는 성경의 명확한 증언을 붙들고 확신에 찬 믿음을 지켜 갑시다.

"믿음으로 모든 세계가 하나님의 말씀으로 지어진 줄을
우리가 아나니"(히 11:3)

LESSON 06

유물론의 거짓을 분별하라

[본문 4부 3장] 마지막 타깃, 대한민국 | **유물론**

> 영적 깨어 있음 [☆☆☆☆☆] – 영적 실재를 인식하고 깨어 있는 능력
>
> 유물론의 거짓 논리에 맞서 영적 깨어 있음을 회복합니다.

발단: 마음 열기

- 예수님의 재림의 날 부활한 그 순간에 누가 여러분 옆에 서 있으면 좋겠나요? 그리고 그 이유는 무엇인가요?

전개: 내용 살펴보기

『킬 더 바이블』 4부 3장 핵심 요약

➡ **유물론이란?**

- 유물론은 물질이 모든 실재의 근본이며, 인간의 의식과 감정조차 물질적 원인에 의해 형성된다고 주장함. 초월적 존재나 영적 실재는 인간이 만들어 낸 사회적·심리적 산물에 불과하다는 입장임.

주요 현대 신학 이론과 성경적 비판 요약

신학적 흐름	마르크스주의적 해석틀	성경적 반박
해방신학	경제적 계급 문제에 마르크스주의를 적용하여 예수를 정치적 해방의 상징으로 해석함.	예수는 죄의 대속을 위해 오셨음. (요한복음 1:29)
민중신학	민족적 억압을 마르크스주의적 관점에서 해석하며, 복음을 사회 정의 실현에 초점을 맞춤.	복음의 본질은 사회적 정의가 아닌, 죄사함과 영적 구원임. (로마서 3:23-24)
여성신학	급진적인 일부는 성경을 남성 중심의 억압적 텍스트로 간주하고 해방적 해석을 시도함.	예수는 여성을 존귀하게 대하셨고, 구원의 대상은 남녀 모두에게 동일하게 주어짐. (갈라디아서 3:28)
퀴어신학	성과 젠더 문제를 네오마르크스주의 비판 이론으로 재해석하여 동성애를 창조의 일부이자 축복받아야 할 존재로 주장함.	창조 질서는 남자와 여자의 결합을 기반으로 함. (로마서 1:26-27)

유물론의 철학적·사회적 한계

- **철학적 한계**: 유물론은 인간의 의식, 자유의지, 도덕, 사랑의 의미를 물질적 설명만으로는 충분히 해명할 수 없음.
- **사회적 한계**: 유물론적 세계관이 확산될수록 인간의 존엄성이 물질적 가치로 환원되기 쉬우며, 도덕적 상대주의와 공허함이 만연할 가능성이 높음.

인상 깊은 부분 나누기

- 4부 3장에서 인상 깊었던 구절이나 장면은 무엇인가요? 왜 그 부분이 와닿았나요?

위기 - 절정: 말씀 깊이 보기

창세기 1:26~27, 2:7

26 하나님이 이르시되 우리의 형상을 따라 우리의 모양대로 우리가 사람을 만들고 그들로 바다의 물고기와 하늘의 새와 가축과 온 땅과 땅에 기는 모든 것을 다스리게 하자 하시고 **27** 하나님이 자기 형상 곧 하나님의 형상 대로 사람을 창조하시되 남자와 여자를 창조하시고

2:7 여호와 하나님이 땅의 흙으로 사람을 지으시고 생기를 그 코에 불어넣으시니 사람이 생령이 되니라

1. 하나님은 인간을 어떻게 창조하셨다고 말씀하시나요? (26-27절) "하나님의 형상대로" 창조되었다는 것은 무엇을 의미할까요?

2. 창세기 2장 7절 말씀과 '인간은 단순한 고등동물'이라는 유물론적 주장은 어떤 점에서 대조되나요?

갈라디아서 1:6-10

6 그리스도의 은혜로 너희를 부르신 이를 이같이 속히 떠나 다른 복음을 따르는 것을 내가 이상하게 여기노라 7 다른 복음은 없나니 다만 어떤 사람들이 너희를 교란하여 그리스도의 복음을 변하게 하려 함이라 8 그러나 우리나 혹은 하늘로부터 온 천사라도 우리가 너희에게 전한 복음 외에 다른 복음을 전하면 저주를 받을지어다 9 우리가 전에 말하였거니와 내가 지금 다시 말하노니 만일 누구든지 너희가 받은 것 외에 다른 복음을 전하면 저주를 받을지어다 10 이제 내가 사람들에게 좋게 하랴 하나님께 좋게 하랴 사람들에게 기쁨을 구하랴 내가 지금까지 사람들의 기쁨을 구하였다면 그리스도의 종이 아니니라

3. 바울은 왜 "다른 복음"을 전하는 사람들을 이렇게까지 강하게 경고했을까요? (6-9절)

4. 현대의 해방신학, 민중신학, 여성신학, 퀴어신학은 복음을 사회 혁명과 이념 실현의 도구로 삼으려 합니다. 이런 시도 앞에서 우리는 복음의 본질을 지키기 위해 어떤 태도를 가져야 할까요? (10절)

마태복음 10:28

몸은 죽여도 영혼은 능히 죽이지 못하는 자들을 두려워하지 말고 오직 몸과 영혼을 능히 지옥에 멸하실 수 있는 이를 두려워하라

5. 예수님은 인간이 무엇으로 구성되어 있다고 가르치셨나요? (28절) '죽으면 끝'이라는 유물론적 생각과 이 말씀은 어떻게 충돌하나요?

6. 영혼의 존재가 우리의 가치관과 삶의 태도에 어떤 의미를 주나요?

요한복음 5:28~29

28 이를 놀랍게 여기지 말라 무덤 속에 있는 자가 다 그의 음성을 들을 때가 오나니 29 선한 일을 행한 자는 생명의 부활로, 악한 일을 행한 자는 심판의 부활로 나오리라

7. 예수님은 누가 부활하며(28-29절), 부활에는 어떤 종류가 있다고 말씀하셨나요? (29절)

8. 이 말씀은 '죽으면 끝이다'라는 생각을 어떻게 반박하며, 미래의 부활에 대한 소망이 오늘 우리의 삶에 어떤 영향을 주나요?

9. 앞의 229쪽 표에서 오늘날 교회나 사회에 가장 많이 영향을 미치는 신학은 무엇일까요? 그것은 성경과 어떻게 다르다고 생각하나요?

---

case study: 영적 깨어 있음 실천하기

상황 1 병원에서

의사 : "종교적 믿음도 결국 뇌의 화학 작용이에요. 세로토닌이나 도파민 같은 신경전달물질의 영향이죠."

창세기 1장 26~27절을 어떻게 적용해서 답할 수 있을까요?

상황 2: 친구와의 대화에서

친구 : "죽으면 그만이지, 뭔 천국 지옥이야. 그런 걸 믿으면서 사는 건 현실 도피 아니야?"

요한복음 5장 28~29절을 바탕으로 어떻게 설명할 수 있습니까?

상황 3: 온라인 토론에서

댓글 : "21세기에 영혼의 존재를 믿는 사람이 있어? 과학적으로 증명된 게 하나도 없잖아."

마태복음 10장 28절을 어떻게 적용할 수 있을까요?

결말: 말씀 적용 질문

- 내가 하나님의 형상으로 창조된 존재임을 기억하며, 이번 한 주간 나 자신과 타인을 어떻게 대하겠습니까?

  ▶ 개인적 실천:

  ▶ 소그룹 공동 실천:

결단과 기도

이번 공과를 통해 우리가 얻고자 한 것은 바로 '영적 깨어 있음'이었습니다. 세상은 인간을 단순한 물질적 존재로 보며, 죽음 이후의 삶을 부정하거나 왜곡합니다. 그러나 성경은 우리가 하나님의 형상으로 지음 받은 영적 존재임을 분명히 선언합니다. 유물론의 유령이 우리의 분별력을 마비시키려 하지만, 우리는 육체와 영혼을 창조하신 하나님 앞에 깨어 있는 마음으로 서야 합니다.

특히 유물론에 물든 신앙이 아니라 예수님께서 약속하신 부활과 영원한 생명을 소망하며, 오늘의 삶에서 거룩함과 경외로 응답하는 영적 깨어 있음의 삶을 이어갑시다.

진리 전쟁: 교회사 분별력 50선

"우리의 씨름은 혈과 육을 상대하는 것이 아니요 통치자들과 권세들과 이 어둠의 세상 주관자들과 하늘에 있는 악의 영들을 상대함이라 그러므로 하나님의 전신 갑주를 취하라"(에베소서 6:12-13)

2000년 교회사는 곧 진리 전쟁의 역사입니다. 초대 교회부터 오늘날까지 세상은 시대마다 새로운 가면을 쓰고 하나님의 진리를 공격해 왔습니다. 때로는 영지주의라는 철학으로, 때로는 자유주의 신학이라는 학문으로, 그리고 오늘날에는 포스트모더니즘과 젠더 이데올로기라는 문화 코드로 교회 안까지 파고들고 있습니다. 그런데 놀라운 사실은 그 전략의 패턴이 시대를 초월해 일관되었다는 것입니다.

"하나님이 정말 그렇게 말씀하셨느냐?"

에덴동산에서 시작된 이 질문은 이름과 형태만 바뀌어 2000년 동안 끊임없이 반복되고 있습니다.

이 부록은 오늘날 교회를 위한 실전 분별 가이드입니다. 각 항목은 다음의 네 가지 구조로 구성되어 있습니다.

- **반성경적 주장**: 해당 이단이나 사상의 핵심
- **뿌리·연관**: 철학적·사상적 기원 및 유사 주장
- **성령의 검**: 이를 꿰뚫는 하나님의 말씀
- **진리의 허리띠**: 성경의 핵심 진리 요약

이 자료를 통해 우리는 오늘날 마주한 도전이 결코 새로운 것이 아님을 알게 될 것입니다. 그리고 모든 시대를 관통해 하나님의 진리는 단 한 번도 무너지지 않았음을 확인하게 됩니다. 이 자료가 오늘을 살아가는 모든 그리스도인에게 영적 나침반이 되고, 다음 세대를 세우는 사역자들에게 진리의 교본이 되기를 소망합니다.

"깨어라 너희 대적 마귀가 우는 사자 같이 두루 다니며 삼킬 자를 찾나니"(베드로전서 5:8)

신약 시대(1세기)

예수님과 사도들이 활동하던 시기로서 기독교가 탄생하면서 유대교와 분리되고 초기 이단들이 등장한 시대

1. 유대주의 (Judaizers, 1세기)

반성경적 주장 예수를 믿어도 할례받고 율법을 지켜야 구원받을 수 있다.

뿌리-연관 유대교 전통에 대한 집착, 복음의 충족성 부정 ➡ 47. 율법주의

성령의 검 "내가 하나님의 은혜를 폐하지 아니하노니 만일 의롭게 되는 것이 율법으로 말미암으면 그리스도께서 헛되이 죽으셨느니라"(갈라디아서 2:21)

진리의 허리띠 구원은 오직 그리스도의 은혜로만 이루어지며, 어떤 율법 행위도 더할 수 없다.

2. 초기 영지주의 (Proto-Gnosticism, 1세기 말)

반성경적 주장 특별한 비밀 지식을 가진 사람만이 참된 구원에 이를 수 있다.

뿌리-연관 헬라 철학과 동방 신비주의의 혼합 ➡ 3. 영지주의

성령의 검 "너희는 그 은혜에 의하여 믿음으로 말미암아 구원을 받았으니"(에베소서 2:8)

진리의 허리띠 구원은 비밀 지식이 아닌 믿음으로 얻는 하나님의 은혜다.

초대 교회 시대(2~5세기)

로마제국의 박해 속에서도 복음이 확산되던 시기로서 기독교의 기본 교리가 확립되고 이단들과 첫 번째 교리 논쟁이 벌어진 시대

3. 영지주의 (그노시스주의, Gnosticism, 2~3세기)

반성경적 주장 물질은 악하고 영적인 것만 선하므로 예수님은 실제 육체를 가지지 않으셨다.

뿌리-연관 헬라 철학의 이원론과 동방 신비주의의 결합 ➡ 4. 도세티즘, 42. 뉴에이지 영성, 49. 신사도 운동

성령의 검 "말씀이 육신이 되어 우리 가운데 거하시매 우리가 그의 영광을 보니 아버지의 독생자의 영광이요 은혜와 진리가 충만하더라"(요한복음 1:14)

진리의 허리띠 그리스도는 완전한 하나님이시며, 완전한 인간으로 오셨다. 육체는 악하지 않으며, 하나님의 창조물로서 선하다.

4. 도세티즘(환상설, Docetism, 2세기)

반성경적 주장 예수님은 실제로 육체를 가지지 않았고 단지 육체처럼 보였을 뿐이다.

뿌리-연관 물질세계에 대한 경멸 ➡ 3. 영지주의, 5. 마르키온주의

성령의 검 "영을 다 믿지 말고 오직 영들이 하나님께 속하였나 분별하라 … 예수 그리스도께서 육체로 오신 것을 시인하는 영마다 하나님께 속한 것이요"(요한일서 4:1~2)

진리의 허리띠 예수 그리스도는 실제 육체로 오셨고, 실제 고난받으셨으며, 실제 부활하셨다.

5. 마르키온주의 (Marcionism, 2세기)

반성경적 주장 구약의 하나님과 신약의 하나님이 다른 신이므로 구약은 버리고 신약 중 일부만 믿어야 한다.

뿌리-연관 구약의 율법과 신약의 은혜 간 대립을 극단화 ➡ 3. 영지주의, 4. 도세티즘, 20. 자유주의 신학

성령의 검 "내가 율법이나 선지자를 폐하러 온 줄로 생각하지 말라 폐하러 온 것이 아니요 완전하게 하려 함이라"(마태복음 5:17)

진리의 허리띠 성경은 삼위일체 하나님의 일관된 구원 계시이다. 구약과 신약은 분리될 수 없으며, 그리스도 안에서 완성된다.

6. 몬타누스주의 (Montanism, 2세기)

반성경적 주장 계시가 계속되며, 몬타누스(Montanus)와 여선지자들의 예언이 성경과 동등하거나 더 높은 권위를 가진다.

뿌리-연관 종말론적 열정과 카리스마 운동 ➡ 33. 신정통주의, 49. 신사도 운동

성령의 검 "만일 누구든지 이것들 외에 더하면 하나님이 이 두루마리에 기록된 재앙들을 그에게 더하실 것이요 만일 누구든지 이 두루마리의 예언의 말씀에서 제하여 버리면 하나님이 이 두루마리에 기록된 생명나무와 및 거룩한 성에 참여함을 제하여 버리시리라"(요한계시록 22:18~19)

진리의 허리띠 성경은 완전하고 충분한 하나님의 계시이며, 어떤 새로운 계시도 성경에 더해질 수 없다.

7. 아리우스주의 (Arianism, 4세기)

반성경적 주장 예수님은 하나님이 창조한 피조물이므로 성부와 본질적으

로 동등하지 않다.

뿌리-연관 성부만이 무한·영원한 참 하나님이라 주장 ➡ 15. 소치니주의

성령의 검 "태초에 말씀이 계시니라 이 말씀이 하나님과 함께 계셨으니 이 말씀은 곧 하나님이시니라"(요한복음 1:1)

진리의 허리띠 예수 그리스도는 성부와 동일 본질을 가진 참 하나님이시다.

8. 펠라기우스주의 (Pelagianism, 5세기)

반성경적 주장 인간에게는 원죄가 없으며, 하나님의 은혜 없이도 스스로 선을 행하여 구원에 이를 수 있다.

뿌리-연관 인간의 도덕적 책임을 지나치게 강조 ➡ 21. 세속적 인본주의

성령의 검 "너희는 그 은혜에 의하여 믿음으로 말미암아 구원을 받았으니 이것은 너희에게서 난 것이 아니요 하나님의 선물이라"(에베소서 2:8)

진리의 허리띠 인간은 원죄로 인해 전적으로 타락했으며, 구원은 오직 하나님의 은혜로만 가능하다.

9. 반율법주의 (도덕률 폐기론, Antinomianism, 초대 교회)

반성경적 주장 은혜로 구원받았으니 도덕적 명령은 지킬 필요가 없고 죄를 지어도 상관없다.

뿌리-연관 은혜의 자유를 잘못 이해 ➡ 17. 방종적 반율법주의

성령의 검 "은혜를 더하게 하려고 죄에 거하겠느냐 그럴 수 없느니라"(로마서 6:1~2)

진리의 허리띠 참된 은혜는 거룩한 삶으로 이끌며, 자유는 방종이 아닌 하나님께 순종하는 것이다.

중세 시대(6~15세기)

기독교가 서구 문명의 중심이 되었지만, 동시에 교회 권력의 세속화와 부패가 진행된 시기로서 교황권 절대주의와 미신적 요소들이 확산되면서 종교개혁의 씨앗이 뿌려진 시대

10. 성상 숭배 (Iconolatry, 8~9세기)

반성경적 주장 성상과 유물을 통해 하나님께 더 가까이 갈 수 있고, 이들을 경배해도 된다.

뿌리-연관 민간 신앙과 기독교의 혼합 ➡ 40. 디지털 우상숭배

성령의 검 "우리가 … 하나님의 소생이 되었은즉 하나님을 금이나 은이나 돌에다 사람의 기술과 고안으로 새긴 것들과 같이 여길 것이 아니니라"(사도행전 17:28~29)

진리의 허리띠 하나님만이 경배의 대상이며, 어떤 형상이나 물건도 숭배 대상이 될 수 없다.

11. 교황 무오설 (Papal Infallibility, 중세 기원/19세기 정립)

반성경적 주장 교황이 신앙과 도덕에 관해 선언할 때는 절대 틀릴 수 없으므로 최종 권위를 가진다.

뿌리-연관 젤라시오(Gelasius I)의 두 검 이론과 교권권 강화 ➡ 20. 자유주의 신학

성령의 검 "너희가 하나님의 계명은 버리고 사람의 전통을 지키느니라"(마가복음 7:8)

진리의 허리띠 성경만이 신앙과 행위의 유일하고 무오한 규범이다.

12. **연옥설** (Purgatory Doctrine, 12세기 공식화)

반성경적 주장 죽은 후 천국에 가기 전 죄를 정화하는 연옥(燃獄)이라는 중간 장소가 있다.

뿌리-연관 죽은 자를 위한 기도 관습과 공로 사상 ➡ 13. 면죄부 판매

성령의 검 "한 번 죽는 것은 사람에게 정해진 것이요 그 후에는 심판이 있으리니" (히브리서 9:27)

진리의 허리띠 구원은 오직 그리스도를 통해서만 이루어지며, 죽음 이후 정화의 과정은 성경에서 가르치지 않는다.

13. **면죄부 판매** (Sale of Indulgences, 15~16세기)

반성경적 주장 돈을 내면 자신이나 죽은 자의 죄와 형벌을 면제받을 수 있다.

뿌리-연관 교회의 공로 보고 이론과 재정 필요 ➡ 12. 연옥설, 32. 번영신학

성령의 검 "대속함을 받은 것은 은이나 금 같이 없어질 것으로 된 것이 아니요 오직 흠 없고 점 없는 어린 양 같은 그리스도의 보배로운 피로 된 것이니라" (베드로전서 1:18~19)

진리의 허리띠 죄 사함은 오직 그리스도의 보혈로 말미암아 은혜로 주어지는 것이지, 돈이나 행위로 살 수 없다.

14. **기독교 신비주의** (Christian Mysticism, 14~15세기)

반성경적 주장 주관적 체험을 통해 하나님과 직접 합일할 수 있으며, 그 체험이 진리의 근거가 된다.

뿌리-연관 플라톤주의적 내면주의 + 중세 수도원 경건주의 ➡ 42. 뉴에이지 영성

성령의 검 "너희가 내 말에 거하면 참으로 내 제자가 되고 … 진리를 알지니" (요 8:31-32)

진리의 허리띠 성경은 신앙과 경건의 유일한 기준이며, 체험은 말씀 아래 분별되어야 한다.

종교개혁과 근대 초기(16~18세기)

종교개혁으로 성경의 권위가 회복되었지만, 동시에 계몽주의 운동이 일어나면서 인간 이성을 절대시하는 새로운 도전이 등장한 시기

15. 소치니주의 (Socinianism, 16세기)

반성경적 주장 삼위일체는 비성경적이며, 예수님은 하나님이 아닌 완전한 인간일 뿐이다.

뿌리-연관 인문주의와 이성주의의 영향 ➡ 7. 아리우스주의

성령의 검 "아버지와 아들과 성령의 이름으로 세례를 베풀고" (마태복음 28:19)

진리의 허리띠 하나님은 본질적으로 한 분이시나 삼위로 존재하시는 삼위일체 하나님이시다.

16. 고등비평주의 (Higher Criticism, 18세기 중반~)

반성경적 주장 성경은 인간이 편집한 종교 문서에 불과하며, 초자연적 기적과 예언은 역사적 사실이 아니다.

뿌리-연관 계몽주의와 합리주의, 독일 관념론 ➡ 18. 계몽주의적 합리주의, 20. 자유주의 신학

성령의 검 "모든 성경은 하나님의 감동으로 된 것으로…"(딤후 3:16)

진리의 허리띠 성경은 하나님의 영감으로 기록된 무오한 진리이며, 그 내용과 구조는 하나님이 주권적으로 계획하신 것이다.

17. 방종적 반율법주의 (Libertine Antinomianism, 17세기)

반성경적 주장 은혜로 구원받았으니 어떤 죄를 지어도 하나님이 용서하신다.

뿌리-연관 칼뱅주의 예정론의 왜곡 ➡ 9. 초기 반율법주의

성령의 검 "경건하지 아니하여 우리 하나님의 은혜를 도리어 방탕한 것으로 바꾸고"(유다서 1:4)

진리의 허리띠 참된 은혜는 거룩함으로 이끌며, 구원받은 자는 죄에서 자유롭게 된 자다.

18. 계몽주의적 합리주의 (Enlightenment Rationalism, 18세기)

반성경적 주장 인간 이성이 최고의 권위이므로 초자연적 계시와 기적은 받아들일 수 없다.

뿌리-연관 데카르트, 칸트 등의 철학과 과학혁명 ➡ 20. 자유주의 신학, 21. 세속적 인본주의

성령의 검 "내 길은 너희의 길보다 높으며 내 생각은 너희의 생각보다 높음이니라"(이사야 55:9)

진리의 허리띠 인간의 이성은 제한적이고 하나님의 계시는 이성을 초월하지만, 이성에 반하지 않는다.

19. 이신론 (Deism, 17~18세기)

반성경적 주장 하나님이 세상을 창조한 후에는 개입하지 않으므로 기도나 기적은 무의미하다.

뿌리-연관 과학혁명과 자연법 사상 ➡ 18. 계몽주의적 합리주의

성령의 검 "그가 만물보다 먼저 계시고 만물이 그 안에 함께 섰느니라"(골로새서 1:17)

진리의 허리띠 하나님은 창조주이실 뿐 아니라 섭리로 세상을 다스리시며 역사와 개인의 삶에 적극적으로 개입하신다.

근현대 시대(19~20세기 초)

산업혁명과 과학주의의 부상 속에 진화론, 유물론, 마르크스주의 등 하나님을 배제한 사상들이 등장하고 고등비평과 자유주의 신학이 교회 안에 침투한 시기

20. 자유주의 신학 (Liberal Theology, 19세기)

반성경적 주장 성경의 기적과 초자연적 요소는 신화이므로 현대인의 이성에 맞게 기독교를 재해석해야 한다.

뿌리-연관 계몽주의, 독일 관념철학, 역사비평학 ➡ 5. 마르키온주의, 33. 신정통주의

성령의 검 "모든 성경은 하나님의 감동으로 된 것으로 교훈과 책망과 바르게 함과 의로 교육하기에 유익하니"(디모데후서 3:16)

진리의 허리띠 성경은 하나님의 영감으로 주어진 무오한 말씀으로 시대를 초월하여 모든 신앙과 삶의 최종적 권위와 기준이다.

21. 세속적 인본주의 (Secular Humanism, 20~21세기)

반성경적 주장 하나님 없이도 인간의 존엄과 윤리를 세울 수 있으며, 인간이야말로 모든 가치의 척도다.

뿌리-연관 계몽주의적 이성주의와 진화론적 세계관 ➡ 8. 펠라기우스주의, 18. 계몽주의적 합리주의

성령의 검 "여호와를 경외하는 것이 지식의 근본이거늘 미련한 자는 지혜와 훈계를 멸시하느니라" (잠언 1:7)

진리의 허리띠 참된 인간성과 도덕은 하나님의 형상으로 창조된 인간 이해에 기초한다.

22. 유물론 (Materialism, 19세기 이후)

반성경적 주장 오직 물질만이 존재하며, 영혼이나 영적 실체는 인간이 만들어 낸 환상이다.

뿌리-연관 과학적 유물론과 마르크스주의 철학 ➡ 24. 마르크스주의, 25. 진화론

성령의 검 "믿음으로 모든 세계가 하나님의 말씀으로 지어진 줄을 우리가 아나니 보이는 것은 나타난 것으로 말미암아 된 것이 아니니라" (히브리서 11:3)

진리의 허리띠 세상은 물질로만 이루어진 것이 아니라 영적 실체가 존재하며, 하나님이 창조주이시다.

23. 과학주의 (Scientism, 20세기)

반성경적 주장 과학적 방법만이 진리를 아는 유일한 길이며, 과학으로 증명할 수 없는 것은 진리가 아니다.

뿌리-연관 과학혁명과 실증주의 철학 ➡ 25. 진화론, 26. 무신론

성령의 검 "육에 속한 사람은 하나님의 성령의 일들을 받지 아니하나니 이는 그것들이 그에게는 어리석게 보임이요, 또 그는 그것들을 알 수도 없나니 그러한 일은 영적으로 분별되기 때문이라" (고린도전서 2:14)

진리의 허리띠 과학은 자연 세계를 이해하는 유익한 도구이지만, 영적·도덕적 진리는 오직 하나님의 계시로만 알 수 있다.

24. 마르크스주의 (Marxism, 19세기)

반성경적 주장 인간의 문제는 죄가 아니라 불평등한 경제 구조이며, 종교는 사람들을 마비시키는 억압 도구다. 참된 구원은 혁명을 통해 억압 계급을 전복하고 평등한 사회를 건설함으로써 온다.

뿌리-연관 헤겔 변증법과 포이어바흐 유물론 ➡ 28. 해방신학, 50. 문화마르크스주의

성령의 검 "사람이 만일 온 천하를 얻고도 제 목숨을 잃으면 무엇이 유익하리요" (마태복음 16:26)

진리의 허리띠 인간의 근본 문제는 경제적 구조가 아닌 죄이며, 참된 해방은 계급투쟁이 아닌 예수 그리스도 안에서 이루어진다.

25. 진화론 (Darwinism, 19세기)

반성경적 주장 우주와 생명은 하나님의 창조가 아닌 무작위적 자연선택 과정으로 발생했다.

뿌리-연관 18세기 자연과학 발전과 균일설 ➡ 35. 유신진화론

성령의 검 "창세로부터 그의 보이지 아니하는 것들 곧 그의 영원하신 능력과 신성이 그가 만드신 만물에 분명히 보여 알려졌나니"(로마서 1:20)

진리의 허리띠 세상은 우연이 아닌 지혜로우신 창조주 하나님의 설계와 목적에 의해 창조되었다.

26. 무신론 (Atheism, 19~20세기)

반성경적 주장 하나님은 존재하지 않으며, 종교는 인간이 만들어 낸 허상이다.

뿌리-연관 계몽주의와 과학적 유물론 ➡ 22. 유물론, 23. 과학주의

성령의 검 "어리석은 자는 그의 마음에 이르기를 하나님이 없다 하는도다"(시편 14:1)

진리의 허리띠 하나님의 존재는 창조물을 통해 명백히 드러나며, 인간의 양심과 도덕법을 통해 증명된다.

27. 니체의 허무주의 (Nietzschean Nihilism, 19세기)

반성경적 주장 "신은 죽었다." 절대적 도덕과 진리는 존재하지 않으며, 각자가 자신의 가치를 창조해야 한다.

뿌리-연관 기독교 문명에 대한 철저한 반발 ➡ 31. 포스트모더니즘

성령의 검 "예수께서 이르시되 내가 곧 길이요 진리요 생명이니 나로 말미암지 않고는 아버지께로 올 자가 없느니라"(요한복음 14:6)

진리의 허리띠 진리와 도덕은 상대적이지 않으며, 하나님의 성품에 근거한 절대적 기준이 있다.

현대 전기(20세기)

두 차례의 세계대전과 냉전을 거치면서 실존주의, 심리학주의, 해방신학 등 인간 중심 사상이 신학에 영향을 주고, 교회는 세속화와 내부 혼란에 직면한 시기

28. 해방신학 (Liberation Theology, 20세기 후반)

반성경적 주장 복음은 개인의 구원이 아닌 사회적·정치적 억압으로부터의 해방이며, 가난하고 억눌린 자의 편에 하나님이 특별히 서신다.

뿌리-연관 마르크스주의 계급투쟁 이론과 라틴아메리카의 현실 ➡ 24. 마르크스주의

성령의 검 "예수께서 대답하시되 내 나라는 이 세상에 속한 것이 아니라"(요한복음 18:36)

진리의 허리띠 복음은 모든 사람을 죄에서 구원하는 하나님의 능력이며, 참된 해방은 정치 혁명이 아닌 예수 그리스도 안에서 이루어진다.

29. 실존주의 (Existentialism, 20세기)

반성경적 주장 진리나 의미는 보편적 기준이 아니라 개인의 주관적 경험과 선택에 따라 창조되는 것이다.

뿌리-연관 키르케고르, 하이데거 등의 실존철학 ➡ 31. 포스트모더니즘

성령의 검 "주의 말씀은 내 발에 등이요 내 길에 빛이니이다"(시편 119:105)

진리의 허리띠 참된 자유와 존재의 의미는 인간 스스로 만들어 내는 것이 아니라 하나님의 계시된 진리 안에서 발견된다.

30. 페미니즘 (Feminism, 20세기)

반성경적 주장 전통적 성 역할은 억압적 가부장제의 산물이므로 이를 해체해야 진정한 성평등이 가능하다.

뿌리-연관 계몽주의 평등 사상과 마르크스주의 계급투쟁론 ➡ 34. 성혁명, 38. 젠더 이데올로기

성령의 검 "남편들아 아내 사랑하기를 그리스도께서 교회를 사랑하시고 그 교회를 위하여 자신을 주심 같이 하라" (에베소서 5:25)

진리의 허리띠 성경적 질서는 억압이 아닌 상호 사랑과 섬김에 기초하며, 남녀는 동등한 존엄성을 가진다.

31. 포스트모더니즘 (Postmodernism, 20세기 후반)

반성경적 주장 절대적 진리는 존재하지 않으며, 모든 관점과 해석이 동등하게 유효하다.

뿌리-연관 모더니즘에 대한 반발과 상대주의 철학 ➡ 27. 니체의 허무주의, 38. 젠더 이데올로기

성령의 검 "예수께서 이르시되 내가 곧 길이요 진리요 생명이니 나로 말미암지 않고는 아버지께로 올 자가 없느니라" (요한복음 14:6)

진리의 허리띠 진리는 사람마다 다르게 정의되는 것이 아니라 하나님이 계시하신 절대적 기준이다.

32. 번영신학 (Prosperity Theology, 20세기 후반)

반성경적 주장 믿음이 강하면 반드시 건강과 부를 얻을 수 있으며, 이것이 하나님 축복의 증거다.

뿌리-연관 긍정적 사고와 미국적 성공 철학 ➡ 13. 면죄부 판매

성령의 검 "그러나 자족하는 마음이 있으면 경건은 큰 이익이 되느니라"
(디모데전서 6:6)

진리의 허리띠 참된 복은 물질적 풍요가 아닌 하나님과의 관계에서 오며, 고난도 신앙 성장의 도구가 될 수 있다.

33. 신정통주의 (Neo-orthodoxy, 20세기 전반)

반성경적 주장 성경은 하나님 말씀을 담은 그릇일 뿐이며, 실존적 만남에서만 하나님 말씀이 된다.

뿌리-연관 자유주의에 대한 반발과 실존철학 ➡ 6. 몬타누스주의, 29. 실존주의

성령의 검 "모든 성경은 하나님의 감동으로 된 것으로 교훈과 책망과 바르게 함과 의로 교육하기에 유익하니"(디모데후서 3:16)

진리의 허리띠 성경 자체가 하나님의 말씀이며, 객관적 진리로서 권위를 가진다.

34. 성혁명 (Sexual Revolution, 1960년대 이후)

반성경적 주장 성적 자유야말로 인간 해방의 핵심이며, 전통적 성 윤리는 억압적 족쇄다.

뿌리-연관 프로이트의 사상과 68혁명의 영향 ➡ 30. 페미니즘, 38. 젠더 이데올로기

성령의 검 "하나님의 뜻은 이것이니 너희의 거룩함이라 곧 음란을 버리고"
(데살로니가전서 4:3)

진리의 허리띠 성은 하나님이 결혼 안에서 주신 선물이며, 참된 자유는 하나님의 설계를 따를 때 온다.

현대 후기(20세기 후반~현재)

포스트모더니즘과 젠더 이데올로기, 상대주의가 확산되면서 진리 개념이 해체되고, 교회는 「차별금지법」, 취소문화 등 문화 전쟁의 중심에 선 시기

35. 유신진화론 (Theistic Evolution, 21세기)

반성경적 주장 하나님이 진화 과정을 통해 창조하셨으므로 성경의 창조 기사는 상징적으로 해석해야 한다.

뿌리·연관 과학과 신앙의 조화 시도 ➡ 25. 진화론, 20. 자유주의 신학

성령의 검 "천지와 만물이 다 이루어지니라 하나님이 그가 하시던 일을 일곱째 날에 마치시니"(창세기 2:1~2)

진리의 허리띠 하나님의 창조는 점진적 진화가 아닌 목적적이고 직접적인 역사적 사건이다. 성경의 창조 기사는 역사적 사실이다.

36. 과정신학 (Process Theology, 20세기)

반성경적 주장 하나님도 세상과 함께 변화하고 발전하므로 전통적이고 불변하는 하나님 개념은 잘못되었다.

뿌리·연관 화이트헤드의 과정철학과 진화론적 사고 ➡ 20. 자유주의 신학

성령의 검 "예수 그리스도는 어제나 오늘이나 영원토록 동일하시니라"(히브리서 13:8)

진리의 허리띠 하나님은 스스로 완전하신 분이시며, 시간 속에서 변하거나 성장할 필요가 없다.

37. 열린 유신론 (Open Theism, 20~21세기)

반성경적 주장 하나님도 미래를 완전히 알지 못하며, 인간의 자유의지에 따라 계획을 수정한다.

뿌리-연관 자유의지 강조와 고전적 유신론에 대한 도전 ➡ 36. 과정신학

성령의 검 "내가 시초부터 종말을 알리며 아직 이루지 아니한 일을 옛적부터 보이고"(이사야 46:10)

진리의 허리띠 하나님은 전지전능하시며, 인간의 선택을 포함한 모든 미래를 아시고 자신의 뜻에 따라 주권적으로 역사를 이루신다.

38. 젠더 이데올로기 (Gender Ideology, 21세기)

반성경적 주장 성별은 하나님이 창조하신 것이 아니라 사회가 만든 개념이므로 누구나 자신의 성별을 스스로 선택하고 바꿀 수 있다.

뿌리-연관 포스트모던 페미니즘과 퀴어 이론 ➡ 31. 포스트모더니즘, 34. 성혁명, 30. 페미니즘

성령의 검 "하나님이 자기 형상 곧 하나님의 형상대로 사람을 창조하시되 남자와 여자를 창조하시고"(창세기 1:27)

진리의 허리띠 남성과 여성으로 창조하심은 하나님이 계획하신 창조 질서이며, 두 성별 모두 동등한 가치와 존엄성을 지닌다.

39. 취소문화 (Cancel Culture, 21세기)

반성경적 주장 전통적·성경적 가치관을 가진 사람들은 혐오 세력이므로 사회적으로 배제하고 침묵시켜야 한다.

뿌리-연관 소셜 미디어와 극단적인 정치적 올바름(PC주의)의 결합 ➡ 41. 「차별금지법」의 왜곡

성령의 검 "의를 위하여 박해를 받은 자는 복이 있나니 천국이 그들의 것임이라"(마태복음 5:10)

진리의 허리띠 진리는 사회적 압력에 굴복해서는 안 되며, 그리스도인은 사랑으로 진리를 변호해야 한다.

40. 디지털 우상숭배 (Digital Idolatry, 21세기)

반성경적 주장 기술과 인공지능이 인간의 모든 문제를 해결할 수 있으며, 하나님 없이도 인간은 스스로 완전해질 수 있다.

뿌리-연관 정보통신 기술의 급속한 발전 ➡ 10. 성상숭배

성령의 검 "너는 나 외에는 다른 신들을 네게 두지 말라 너를 위하여 새긴 우상을 만들지 말고"(출애굽기 20:3~4)

진리의 허리띠 기술은 하나님이 주신 선물이지만 우상이 되어서는 안 되며, 하나님과 이웃과의 관계를 방해하지 않아야 한다.

41. 「차별금지법」의 왜곡 (Misuse of Anti-Discrimination Laws, 21세기)

반성경적 주장 평등과 인권이라는 이름으로 성경적 가치관에 대한 표현을 법적으로 금지해야 한다.

뿌리-연관 정치적 올바름과 인권 담론의 절대화 ➡ 38. 젠더 이데올로기, 39. 취소문화

성령의 검 "사람 앞에서 나를 시인하면 나도 하늘에 계신 내 아버지 앞에서 그를 시인할 것이요"(마태복음 10:32)

진리의 허리띠 그리스도인은 모든 사람을 사랑하고 존중해야 하지만, 동시에 진리에 대한 확신은 타협해서는 안 된다.

42. 뉴에이지 영성 (New Age Spirituality, 20~21세기)

반성경적 주장 모든 종교는 같은 진리를 다르게 표현한 것이며, 개인은 절대 진리나 계시 없이 자신의 감정이나 직관에 따라 스스로 영적 진리를 정의할 수 있다.

뿌리-연관 동양 신비주의와 서구 개인주의의 결합 ➡ 3. 영지주의, 43. 종교다원주의

성령의 검 "그들이 하나님의 진리를 거짓 것으로 바꾸어 피조물을 조물주보다 더 경배하고 섬김이라 주는 곧 영원히 찬송할 이시로다"(로마서 1:25)

진리의 허리띠 참된 영성은 자아실현이 아니라 그리스도를 통한 창조주 하나님과의 관계 회복에 있다.

43. 종교다원주의 (Religious Pluralism, 20~21세기)

반성경적 주장 모든 종교가 동등하게 유효하며, 같은 하나님을 다른 방식으로 섬기는 것이다.

뿌리-연관 세계화와 종교 간 대화 ➡ 15. 소치니주의, 42. 뉴에이지 영성

성령의 검 "다른 이로써는 구원을 받을 수 없나니 천하 사람 중에 구원을 받을 만한 다른 이름을 우리에게 주신 일이 없음이라 하였더라"(사도행전 4:12)

진리의 허리띠 구원은 오직 예수 그리스도를 통해서만 주어지며, 어떤 종교도 이 진리를 대체할 수 없다.

44. 퀴어신학 (Queer Theology, 21세기)

반성경적 주장 성경의 성 윤리는 시대적 산물이다. 동성애와 성 소수자를 포용하는 새로운 신학이 필요하다.

뿌리-연관 젠더 이데올로기와 포스트모던 해석학 ➡ 38. 젠더 이데올로

기, 31. 포스트모더니즘

성령의 검 "그와 같이 남자들도 순리대로 여자 쓰기를 버리고 서로 향하여 음욕이 불 일듯 하매 남자가 남자와 더불어 부끄러운 일을 행하여 그들의 그릇됨에 상당한 보응을 그들 자신이 받았느니라"(로마서 1:27)

진리의 허리띠 하나님의 성 윤리는 시대를 초월한 창조 질서이며, 참된 사랑은 진리 안에서만 가능하다.

45. 생명윤리 도전 (Challenge of Bioethics, 현대)

반성경적 주장 태아는 완전한 인간이 아니고 낙태는 여성의 권리이며, 고통스러운 삶보다 존엄한 죽음(존엄사)이 낫다.

뿌리-연관 세속적 인본주의와 개인주의 ➡ 21. 세속적 인본주의

성령의 검 "주께서 내 내장을 지으시며 나의 모태에서 나를 만드셨나이다"(시편 139:13)

진리의 허리띠 모든 생명은 하나님이 창조하신 귀한 것이며, 태아부터 노인까지 모든 인간은 존엄하다.

46. 급진적 환경주의 (Radical Environmentalism, 20~21세기)

반성경적 주장 자연과 지구는 신성한 존재이므로 인간보다 자연이 우선되어야 한다.

뿌리-연관 범신론적 자연관과 반기독교 정서 ➡ 42. 뉴에이지 영성

성령의 검 "하나님이 그들에게 복을 주시며 하나님이 그들에게 이르시되 생육하고 번성하여 땅에 충만하라, 땅을 정복하라"(창세기 1:28)

진리의 허리띠 인간은 창조주 하나님의 청지기로서 자연을 보호해야 하지만, 결코 자연을 숭배해서는 안 된다.

47. 율법주의 (Legalism, 모든 시대)

반성경적 주장 구원받은 후에도 율법을 완벽히 지켜야 하나님께 인정받을 수 있다.

뿌리-연관 행위로 의롭게 되려는 인간의 종교적 욕구 ➡ 1. 유대주의

성령의 검 "그리스도께서 우리를 위하여 저주를 받은 바 되사 율법의 저주에서 우리를 속량하셨으니"(갈라디아서 3:13)

진리의 허리띠 구원은 은혜로 받는 것이며, 율법 순종은 구원받은 자의 자연스러운 열매이다.

48. 현대 한국 이단들 (Modern Korean Cults, 20~21세기)

반성경적 주장 정통 교회는 잘못되었고 자신들만이 참된 교회이며, 새로운 계시나 특별한 구원 방법을 가지고 있다.

뿌리-연관 기존 교회에 대한 불만과 신비주의적 욕구 ➡ 6. 몬타누스주의, 3. 영지주의

성령의 검 "그 때에 사람이 너희에게 말하되 보라 그리스도가 여기 있다 혹은 저기 있다 하여도 믿지 말라"(마태복음 24:23)

진리의 허리띠 구원은 오직 예수 그리스도를 통해서만 오며, 성경 외에 다른 계시나 방법은 없다.

49. 신사도 운동 (New Apostolic Reformation, 21세기)

반성경적 주장 현재도 사도와 선지자가 존재하며, 새로운 계시를 받아 교회가 지상에서 하나님 나라를 건설해야 한다.

뿌리-연관 현대적 계시 추구와 권위주의 ➡ 6. 몬타누스주의, 3. 영지주

성령의 검 "그러나 우리나 혹은 하늘로부터 온 천사라도 우리가 너희에게 전한 복음 외에 다른 복음을 전하면 저주를 받을지어다"(갈라디아서 1:8)

진리의 허리띠 성경은 완전하고 충분한 하나님의 계시이며, 사도직은 초대 교회와 함께 종료되었다.

50. 문화마르크스주의 (Cultural Marxism, 현대)

반성경적 주장 급진적 문화비평 사조에서는 전통적 가치와 제도는 모두 억압의 도구로 보고 가정·종교·성 역할 같은 문화 구조부터 해체해야 한다고 주장한다.

뿌리-연관 마르크스주의를 문화 영역으로 확장 ➡ 24. 마르크스주의

성령의 검 "온갖 좋은 은사와 온전한 선물이 다 위로부터 빛들의 아버지께로부터 내려오나니"(야고보서 1:17)

진리의 허리띠 참된 해방은 계급투쟁이 아닌 그리스도 안에서 오는 자유이며, 하나님이 세우신 질서는 선한 목적이 있다.

참고 자료

도서

대한성서공회. 『성경전서 개역개정판』(서울: 대한성서공회, 1998).
곽혜원, 이승구, 이상원. 『퀴어 신학이 왜 문제인가?』(서울: CLC, 2023).
김민호. 『기독교 세계관』(의정부: 리바이벌북스, 2022).
김용주. 『자유주의 신학이란 무엇인가?』(서울: 좋은씨앗, 2018).
김용준. 『우리 아이 꼭 지켜줄게』(서울: 물맷돌, 2023).
김유지. 『한류 외전』(서울: 어크로스, 2023).
김지연. 『나의 어여쁜 자야: 아름다운 남녀 창조 편』(서울: 도서출판 두란노, 2020).
김지찬. 『구약개론』(서울: 대한예수교장로회총회, 2009).
김현우. 『안토니오 그람시』(파주: 살림, 2005).
니버, 헬무트 리처드. 『그리스도와 문화』(서울: IVP, 2007).
니체, 프리드리히. 『즐거운 지식』(서울: 청하, 1989).
데리다, 자크. 『그라마톨로지』(파주: 민음사, 2010).
라이히, 빌헬름. 『성혁명』(서울: 중원문화, 2023).
딜러드, 레이몬드. 박철현 역. 『최신구약개론』(파주: CH북스, 2009).
루이스, C. S. 『스크루테이프의 편지』(서울: 홍성사, 2005).
--------. 『[개정판]순전한 기독교』(서울: 홍성사, 2018).
마르크스, 카를. 김문혁 역. 『공산당 선언』(서울: 도서출판b, 2018).
맥그래스, 알리스터. 김선영 역. 『루터의 십자가 신학』(서울: 컨콜디아사, 2015).
--------. 박규태 역. 『기독교의 역사』(서울: 포이에마, 2016).
--------. 최재건 역. 『종교개혁사상』(서울: CLC, 2017).
--------. 정성욱 역. 『복음주의와 기독교의 미래』(서울: IVP, 2018).
--------. 조계광 역. 『알리스터 맥그래스의 과학과 종교』(서울: 생명의말씀사, 2023).
메이첸, J. G. 황영철, 원광연 역. 『기독교와 자유주의』(서울: 복있는사람, 2023).
모어랜드, J. P. 외. 소현수 외 역. 『유신진화론 비판』(서울: 부흥과개혁사, 2019).
밀턴, 존. 박문재 역. 『실낙원』(파주: CH북스, 2019).
바운즈, E. M. 이정윤 역. 『기도의 능력』(서울: 생명의말씀사, 2023).
반틸, 코넬리우스. 이희숙 역. 『기독교 변증학』(서울: 한국기독문서간행회, 1995).
베인턴, 롤런드. 『마르틴 루터』(서울: 생명의말씀사, 2016).

불트만, 루돌프. 이동영 역.『예수 그리스도와 신화』(서울: 한국로고스연구원, 1994).
브라이트, 존. 엄성옥 역.『이스라엘의 역사』(서울: 은성, 2024).
셴비, 닐 & 소여, 팻. 윤석인 역.『비판적 딜레마』(서울: 부흥과개혁사, 2024).
쉐퍼, 프란시스. 김기찬 역.『그러면 우리는 어떻게 살 것인가』(서울: 생명의말씀사, 2018).
스미스, 제임스 K. A. 박세혁 역.『하나님 나라를 욕망하라』(서울: IVP, 2016).
스위니, 더글라스 A. 조현진 역.『복음주의 미국 역사』(서울: CLC, 2015).
스위니, 더글라스 A. & 스트라첸, 오웬. 김찬영 역.『조나단 에드워즈의 천국과 지옥』(서울: 부흥과개혁사, 2012).
스프로울, R. C. 조계광 역.『R. C. 스프로울의 서양 철학 이야기』(서울: 생명의말씀사, 2023).
--------. 이제롬 역.『교회와 국가는 어떤 관계인가?』(서울: 생명의말씀사, 2025).
신국현.『유신진화론과의 대화』(서울: 세움북스, 2024).
아도르노, 테오도르 W. & 호르크하이머 M. 김유동 역.『계몽의 변증법』(서울: 문학과지성사, 2001).
아처, 글리슨. 김정우, 김은호 역.『구약총론』(서울: CLC, 2008).
엘륄, 자끄. 곽노경 역.『기독교와 마르크스주의』(안양: 도서출판 대장간, 2011).
엘륄, 자끄. 안성헌 역.『마르크스의 후계자』(안양: 도서출판 대장간, 2015).
위티 주니어, 존. 정두메 역.『권리와 자유의 역사』(서울: IVP, 2015).
윙크, 월터 외. 한화룡 역.『영적 전쟁 어떻게 할 것인가』(서울: 부흥과개혁사, 2014).
이상규.『교회개혁사』(서울: 성광문화사, 2009).
이상원.『기독교 윤리학』(서울: 총신대학교출판부, 2013).
이정훈.『이정훈 교수의 성경적 세계관』(부산: PLI, 2022).
이태희.『세계관 전쟁』(서울: 도서출판 두란노, 2016).
장대환.『K홀릭』(서울: 매일경제신문사, 2023).
전우택 외.『정신의학과 기독교』(파주: 박영사, 2021).
제임슨, 프레드릭. 임경규 역.『포스트모더니즘, 혹은 후기자본주의 문화 논리』(서울: 문학과지성사, 2022).
카슨, D. A. 김은홍 역.『교회와 문화, 그 위태로운 관계』(서울: 국제제자훈련원, 2009).
--------. 이용중 역.『이머징 교회 바로 알기』(서울: 부흥과개혁사, 2009).
카이퍼, 아브라함. 박태현 역.『아브라함 카이퍼의 영역주권』(서울: 도서출판 다함, 2020).
칼빈, 존. 문병호 역.『1559년 라틴어 최종판 직역: 기독교 강요 1~4세트』(서울: 생명의말씀사, 2020).
컴포트, 필립 W. 김광남 역.『성경의 기원』(남양주: 도서출판 엔크리스토, 2010).
켈러, 팀. 최종훈 역.『팀 켈러, 하나님을 말하다』(서울: 도서출판 두란노, 2017).
쿠비, 가브리엘. 정소영 역.『글로벌 성혁명』(서울: 밝은생각, 2020).
클라인, 윌리엄 외. 류호영, 황을호 역.『성경 해석학 총론』(서울: 생명의말씀사, 2007.

트루먼, 칼. 윤석인 역. 『이상한 신세계』(서울: 부흥과개혁사, 2022).
--------. 윤석인 역. 『세상을 바꾸려는 비판 이론』(서울: 부흥과개혁사, 2024).
파이퍼, 존. 주지현 역. 『복음과 하나님의 주권』(서울: 좋은씨앗, 2015).
피어시, 낸시. 이지혜 역. 『네 몸을 사랑하라』(서울: 복있는사람, 2019).
프레임, 존 M. 홍성국 역. 『열린 신학 논쟁』(서울: 개혁주의신학사, 2005).
--------. 김진운 역. 『존 프레임의 조직신학』(서울: 부흥과개혁사, 2017).
--------. 조계광 역. 『서양 철학과 신학의 역사』(서울: 생명의말씀사, 2018).
--------. 이경직 역. 『기독교 윤리학』(서울: 개혁주의신학사, 2015).
프로이트, 지그문트. 김석희 역. 『문명 속의 불만』(파주: 열린책들, 2004).
--------. 박종대 역. 『성욕에 관한 세 편의 에세이』(파주: 열린책들, 2020).
--------. 이윤기 역. 『종교의 기원』(파주: 열린책들, 2020).

논문·학술자료

Lyubov Soskovets, et. al., "Persecution of believers as a systemic feature of the Soviet regime", *SHS Web of Conferences* Vol. 28, 2016., RPTSS 2015 - International Conference on Research Paradigms Transformation in Social Sciences 2015, 2016.06.15.
김준명 외. "국내 Human Immunodeficiency Virus 감염의 감염 경로: 한국 HIV/AIDS 코호트 연구=Mode of Human Immunodeficiency Virus Transmission in Korea: The Korea HIV/AIDS Cohort Study." 「대한내과학회지」 Vol. 93 No. 4, 대한내과학회, 2018. pp. 379-386.
이재은. "1980년대 한국 기독노동자와 노동운동: 한국기독노동자총연맹(기노련)의 형성과 역할." 「기억과 전망」 2019 no. 41, 민주화운동기념사업회, 2019. pp. 189-227.

공식보고서·통계

USCIRF, 2023 Annual Report(국제 종교자유 연례보고서)(WA: United States Commission on International Religious Freedom, 2023).; uscirf.gov/sites/default/files/2024-01/AR%202023.pdf
Open Doors International, WWL 2024 Compilation of all main documents(세계 기독교 박해 지수 보고서)(Open Doors International/World Watch Research, 2024).; opendoors.org/en-US/research-reports/wwl-documentation
European Court of Human Rights, "Guide on Article 17 of the European Convention

on Human Rights: Prohibition of abuse of rights(유럽인권협약 제17조에 대한 해설서: 종교적 표현의 자유 관련 판례 모음)"(ECHR, 2023).; ks.echr.coe.int/documents/d/echr-ks/guide_art_17_kor

기사·보도

Aaron Feis, "Texas jury rules against divorced dad trying to stop 7-year-old son's gender transition(7살 아들 성전환 반대한 아빠의 양육권 박탈)", New York Post, 2019.10.23.

Emily Crane, "Montana parents who lost custody of daughter after opposing gender transition claim 14-year-old was taken without warrant(딸 성전환 수술 반대한 부모의 양육권 박탈 및 형사처벌)", New York Post, 2024.05.23.

Gordon Rayner, "Minister orders inquiry into 4,000 per cent rise in children wanting to change sex(장관, 성전환 희망 아동 4,000% 증가에 대한 조사 지시)", The Telegraph, 2018.09.16.

Tim Sigsworth, Ben Butcher, Matt Davis, "Toddler kicked out of nursery for being transphobic(트랜스젠더 혐오로 유치원에서 쫓겨난 유아)", The Telegraph, 2025.03.31.

Toby Young, "Nurses Suing NHS Trust After Being Forced to Share Women's Changing Room With Biological Male(여성 전용 탈의실 생물학적 남성 사용 강요로 간호사들 소송)", The Daily Sceptic, 2024.05.26.

"동성애 유전학: '게이 단일 유전자'는 존재하지 않는다", BBC, 2019.08.30.

"레슬링 경기서 우승한 '트랜스젠더'…논란 휩싸인 까닭", SBS NEWS 모닝와이드 1부, 2017.02.28.

"[영상] "신체 남성이지만 여탕에"…LA 한인타운 트랜스젠더 출입 논란", 연합뉴스, 2021.07.06.; 영상: Tomas Morales·MrAndyNgo X계정

기독교헤럴드편집국, "한국교회, 200만 성도 연합예배·큰 기도회", 기독교헤럴드, 2024.10.02.

김진영, "10.27 연합예배, 언론들이 주목한 2024년 '한국교회 이슈'", 기독일보, 2024.12.31.

김진영, "'200만의 기도' 10.27 연합예배… 교회·가정·나라 위해 일어나다", 기독일보, 2024.10.27.

문영광, "'올림픽 사상 가장 큰 수치'…올림픽 복싱 성별 논란에 4년 투혼 물거품", 뉴스1, 2024.08.02.

방현철, ""신은 없다, 인생을 즐겨라" 영(英)무신론자들, 버스에 광고", 조선일보, 2009.01.08.

백상현, "동성애자 차별 심각?… 3년간 인권위 진정 모두 각하·기각됐다", 국민일보, 2018.03.22.
브래드 존스, "美 10대 트랜스젠더 "수술·후유증 끔찍…성전환 후회"", The Epoch Times, 2022.09.23.
에바 푸, "'신의 자리를 차지하라'…신앙을 상대로 한 중국 공산당의 100년 전쟁", The Epoch Times, 2021.07.05.
이재영, "美 11세 여학생과 트랜스젠더 학생, 수학여행서 같은 방 배정돼… 충격!", 데일리 인사이트, 2023.12.07.
임보혁, "동성혼 허용국 출산율 하향곡선… 아동 정서 장애 확률 2배 ↑", 국민일보, 2023.12.12.
전은성, "HIV/AIDS(에이즈)는 매우 치명적이고 위험한 질환이다!", khTV, 2021.03.16.

웹사이트·영상·기타

Stanford Encyclopedia of Philosophy, 검색어: Postmodernism.; plato.stanford.edu/entries/postmodernism
Timothy George, "The Reformation Connection-Jan Hus", Christian History Institute, 2020.
Wikipedia, 검색어: Persecution of Christians in the Soviet Union.; en.wikipedia.org/wiki/Persecution_of_Christians_in_the_Soviet_Union
"극동방송 특별인터뷰! 차별금지법 무엇이 문제인가?!: 안창호 前 헌법재판관", 극동방송, 2020.07.23.; youtube.com/watch?v=QTGN5UlZ46Y